생동감 넘치는 사랑을 키워가는 비결
부부 시크릿 101

벳시 윌리엄 지음 / 임신희 옮김

101 Simple Secrets to Keep Your Love Alive
Copyright @ 2004 by Bordon Books
David C. Cook, 4050 Lee Vance View,
Colorado Springs, Colorado 80918 USA

본 저작물의 한국어판 저작권은 도서출판 하늘기획이 소유합니다.
저작권법에 의해 한국 내에서 보호를 받는 저작물이므로
무단 전재와 무단 복제를 금합니다.

부부 시크릿 101

지은이 벳시 윌리엄 • 펴낸이 황성연 • 펴낸곳 글샘 출판사 • 등록번호 제8-0856호 (2008)
• 주소 서울특별시 동대문구 청량리동 45-8 • 총판 하늘물류센타 (전화번호 031-947-7777 / 팩시밀리 031-947-9753) • I S B N 978-89-913-5818-8 (03230)

초 판 1쇄 2008년 12월 18일

정가는 뒷표지에 있습니다.
잘못 만들어진 책은 구입한 곳에서 친절히 바꾸어 드립니다.

글샘은 가정사역을 위한 **하늘기획**의 또 다른 이름입니다.

| 소개의 글 |

아무도 결혼에 대해 완벽한 처방을
내릴 수는 없지만 때로는 외부의 자극이 당신과
배우자에게 꼭 필요한 신선한 열정을 줄 수 있을 것입니다.
이 책은 당신으로 하여금 늘 생기가 넘치면서도 성숙해 가는
결혼관계를 세우도록 도울 지혜로운 충고와 웃음이 담겨 있습니다.
'부부 시크릿 101'을 결혼의 의미를 재발견하는 초대장으로
사용하십시오. 각 장에 들어 있는 도움말들은
좀더 의미 있고 건강하며 사랑하는 관계를
형성하도록 도울 것입니다.

| 추천의 글 |

사랑을 표현할 줄 아는 멋진 부부관계

세상에 친밀한 관계보다 우리를 행복하게 하는 것은 없다. 여러 관계 중에서 특별히 친밀한 부부관계보다 우리를 더 행복하게 하는 것은 없다. 그래서 행복학자들은 자신의 결혼을 "매우 행복하다"고 평가하는 사람들은 인생 전체를 매우 행복하다고 평가한다고 한다.

사회적인 성공이 개인적인 불행을 보상해 주지 못한다는 말도 있다. 돈 버는 일이나 사회적 지위와 명성을 얻었다고 해도, 가족관계가 소원하면 절대로 행복할 수 없다는 말이다. 행복의 조건 가운데 사랑하는 부부관계보다 중요한 것은 없다는 말이다.

사랑하는 관계는 행복의 필수조건이다. 많은 이들은 사랑을 신비스러운 어떤 것으로 오해하고 있다. [사랑의 기술]의 저자 에리히 프롬은 "엄청난 소망과 기대로 시작되지만 정기적으로 실패하는 기업으로 사랑만한 것을 찾아보기 힘들다"고 했다.

사랑이란 무엇인가? 상대방을 기쁘고 행복하게 해주는 것이다. 그러므로 사랑은 누구나 배울 수 있는 기술이며 능력이다. 우리는 어떻게 사랑을 배울 수 있는가?

첫째는 부모를 포함하는 중요한 타인에게 사랑을 받음으로 사랑을 배우고, 둘째는 사랑하는 본보기와 모델을 보고 사랑을 배운다. 셋째는 설교나 강의를 듣고 사랑에 대해 배울 수 있으며, 넷째는 책을 읽고 사랑하는 방법을 터득할 수 있다. 다섯째로 무엇보다도 우리는 보고 듣고 배운 바를 행하고 실천함으로 사랑을 배운다.

귀하가 손에 들고 있는 이 책은 독서를 통해 사랑을 배울 수 있도록 안내하는 책이다. 우리에게 구체적으로 재미있게 남편과 아내가 사랑을 배워서 실천할 수 있는 비법을 소개하고 있다. 어떤 것은 사랑하는 방법을 과장되게 소개하고, 어떤 조언은 너무나 재미있고 유머러스하게 사랑의 기술을 가르치고 있다.

우리는 가부장적이고 유교적인 문화에서 부부간의 서로 다른 역할과 예절에 대해 배웠는지는 몰라도, 우애적으로 서로 사랑하는 법을 제대로 배울 기회가 없었다. 가부장적인 결혼이 동반자적 우애적 결혼으로 발전하면서, 현대의 많은 부부들은 대화하는 법과 사랑하는 방법, 그리고 갈등을 해소하는 법을 몰라 당황하고 있다.

이 책은 부부에게 사랑하는 법을 자상하면서도 재미있게 가르치고 있다. 시간이 허락하는 대로 한 가지 조언씩 읽고 배워서 실천한다면 "이 헛된 평생의 모든 날에 사랑하는 아내/남편과 즐겁게"(전 9:9) 살아가는 방법을 터득하게 될 것이다.

표현하지 않는 사랑, 행함이 따르지 않는 사랑은 사랑이 아니다. 누가 먼저 읽고 배우든, 먼저 방법을 알게 된 사람이 당장 실천하여 지금보다 더 행복한 부부관계를 누리게 되기를 바란다. 좋은 책이라 생각되면 가까운 친척이나 친구에게 선물하여 우리나라를 행복한 나라로 만드는 일에 동참하기를 부탁드린다.

가족관계연구소장; 가정사역학회 초대회장;
전 침신대 상담심리학 교수;

정동섭 Ph.D.

1

키스하고 안아주며 말한다, "사랑해요!"

Let him kiss me with the kisses of his mouth.

SONG OF SOLOMON 1:2

내게 입맞추기를 원하니 네 사랑이
포도주보다 나음이로구나. (아 1:2)

TO KEEP YOUR LOVE ALIVE

    집 담장 너머의 세상은 사랑이 부족한 곳입니다. 사실, 악의가 가득하다고도 할 수 있지요. 당신과 당신의 배우자는 하루의 힘든 일상을 마치고 나면, 지친 영혼과 상처나고 아픈 마음으로 피곤한 몸을 끌며 집으로 돌아옵니다.

    당신의 따뜻한 말은 배우자의 상처난 정신에 치료약이 될 뿐만 아니라, 이런 부드러운 치료약은 당신에게도 마찬가지의 효력을 낼 것입니다. 아침마다 서로 다른 길로 나뉘어 갈 때에 하루의 평안을 빌어주는 입맞춤이 아침햇살을 일으키듯 일상을 북돋우는 행사가 되게 하십시오. 저녁마다 따뜻한 품으로 서로를 맞으세요. 기회 있을 때마다 사랑의 달콤한 언어를 나누십시오.

흔들리지 않는 사랑의 관계를 세우라.

101 SIMPLE SECRETS

"미안해"라는 말을 아끼지 말라.

An apology is the Super Glue
of life. It can repair
just about anything.

당신의 입에서 나오는 사과의 말은
인생의 초강력 접착제이다. 그것은 부서지고
떨어져 나간 모든 것을 붙이는 능력이 있다.

TO KEEP YOUR LOVE ALIVE

　영화 〈러브 스토리〉에서 나왔던 유명한 문구와는 반대로, 때로는 사랑하는 사람에게 '미안해'라는 말을 해야할 때도 있습니다. 진정한 사과라면 심약함의 표시는 아닐 것입니다. 오히려 반대로 자신의 잘못을 인정하는 솔직함을 보인다면 배우자의 존경을 얻을 뿐만 아니라 결혼생활도 더 활기 넘치게 될 것입니다.

　자존심과 고집 때문에 자신이 틀렸다는 것을 진정으로 인정하기에 방해가 되지 않도록 하십시오. 누구나 때로는 용서를 받아야 할 때가 오는 법입니다. 바로 그때가 참으로 중요합니다. 선뜻 말이 나오지 않더라도 관계를 올바르게 세우려는 당신의 의지는 이때에 빛을 발하게 되어 있습니다. 이 짧은 말을 아끼지 마세요. "내가 잘못했어. 용서해."

잘못을 인정하고 그대로 사과하는 것이
심각한 상황을 진정시키는 가장 빠른 방법이다.

101 SIMPLE SECRETS

3

화난 목소리, 비판적인 말에는
대답하기 전에 잠깐 뜸을 들이라.

t is best to listen much,
speak little, and
not become angry.

JAMES 1:19 TLB

누구든지 듣기는 빨리 하고,
말하기는 더디 하고,
노하기도 더디 하십시오. (약 1:19)

TO KEEP YOUR LOVE ALIVE

　분노에 조종당하지 않도록 하십시오. 결혼생활에서 분노란 그 흔적조차도 찾지 못하게 하는 것이 좋습니다. 마음을 갉아먹는 화난 목소리나 비판적인 말에 즉각적으로 응답하기 보다는 그에 앞서 적어도 십초 간을 참아내는 자기통제력을 기르십시오.

　너무 빨리 대답하다보면 과잉반응을 하거나 갈등의 불꽃에 부채질을 하는 셈이 되기 일쑤입니다. 적절한 침묵을 사용하여 차분하고 이성적이며 사려 깊게 이야기하도록 할 뿐 아니라, 배우자가 자신의 말을 다시 생각해보는 기회를 주도록 하십시오. 화를 내면 관계에 깊은 골이 패여지고 사랑의 노래소리는 뒷걸음치게 됩니다. 격정적인 상황에서 마음을 무장하고 감정보다는 의지를 사용하여 기술적으로 처리한다면 그런 상황에서도 당신의 관계는 좋아지게 될 것입니다.

손톱의 날을 세우지 말고
스스로에게 침묵할 기회를 주라.

101 SIMPLE SECRETS

4

혈압을 관리하라

ook to your health; and
if you have it,
praise God.

자신의 건강을 돌아보라.
그리고 만약 건강하다면
하나님께 감사하라.

TO KEEP YOUR LOVE ALIVE

자신의 혈압을 잘 관리하는 것은 배우자에게 주는 귀한 선물이 될 것입니다. 문제는 혈압이 상승해도 자신이 그것을 잘 느끼지 못한다는 것에 있습니다. 의사에게 진단받는데에는 기껏해야 몇 분 걸리지 않습니다. 정확한 혈압을 아는 것이 중요합니다.

고혈압이란 당신의 몸으로 혈액을 보내는데 심장이 더 많은 노력을 해야 한다는 뜻입니다. 고혈압은 뇌졸중, 심장 질환, 신장병의 위험을 증가시키지요. 하지만 운동, 적절한 식사, 체중 감소, 긴장 해소, 그리고 필요하다면 약을 복용하는 것이 도움이 될 것입니다.

스스로의 몸에 책임을 지고 할 수만 있다면 건강하게 사는 것이 배우자에 대한 책임입니다. 오늘 당장 의사와 면담 약속을 정하세요.

"죽음이 우리를 갈라 놓을 때까지"라는
결혼 서약의 문구를 가능하면 길게
연장하기 위해 할 수 있는 일을 오늘 하라.

101 SIMPLE SECRETS

5

넘치도록 사랑하라.

o ease another's heartache is to forget one's own.

다른 사람의 마음의 상처를 달래주는 것은
자신의 상처를 치료하는 일이다.

TO KEEP YOUR LOVE ALIVE

　사랑을 죽이는 확실한 방법 한 가지는 바로 그 사랑을 측정하는 것입니다. 누군가를 사랑하는 것은 그것이 옳은 일이기 때문에, 혹은 '당신의 차례'이므로, 아니면 그저 단순히 그 댓가를 바라기 때문만이 결코 아니지요. 그것은 사랑이란 이름을 가진 술수일 뿐입니다.

　어떤 종류든 간에 점수를 매기는 일은 귀찮은 일이지만 특별히 사랑에 점수를 매긴다면, 그건 관계를 망치는 일입니다. 사랑은 주면 줄 수록 커지게 되어 있습니다. 이미 주었기 때문에 더 줄 것이 없다고 생각한다면 이미 사랑의 정의는 흐려지고 있는 것입니다. 그러므로 풍성한 사랑을 나누는 일은 자신에게도 호의를 베푸는 일이 됩니다. 그리고 그 사랑을 주는 대상에 당신의 사랑에 보답할 수 없는 사람도 포함시키는 것을 잊지 마세요. 사랑은 비밀리에 주는 것입니다. 자원하는 마음입니다. 배우자나 친구의 보답을 받을 기대하지 않고 사랑을 쏟아 주세요. 이런 사랑의 행위야말로 당신에게 이로운 일일 뿐만 아니라 주위의 사람들에게도 유익이 되는 일이랍니다.

사랑이란 그저 한 번 도와주는 것에
그치지 않는다. 당신의 마음을 주는 일이다.

101 SIMPLE SECRETS

6

'싫어요!' 라고 말하라.

ust say a simple
yes or no.

JAMES 5:12 TLB

예" 해야 할 경우에는 오직 "예"라고만 하고,
"아니오" 해야 할 경우에는
오직 "아니오"라고만 하십시오. (약 5:12)

TO KEEP YOUR LOVE ALIVE

   마음속으로는 싫어라는 외침이 목구멍까지 올라오는데도 입으로는 좋다고 말해본 적이 있는지요? 자기 주장이 강한 사람은 때로는 예의가 없고 불친절하거나 이기적으로까지 보이기도 하지요. 하지만 사실은 정직하고 공정한 것입니다. 당신의 시간과 필요는 다른 누군가의 그것들과 마찬가지로 중요하니까요.

   자신의 '영역'을 지키는 것이 다른 사람을 위해 잠깐 길을 비켜가는 것조차 하지 말아야된다는 것은 아닙니다. 그건 그냥, 처음부터 말하지 말았어야 할 대답을 지키기 위해 분노와 좌절감이 내 마음속에서 자라도록 내버려두지 않겠다는 것을 의미할 뿐입니다.

   지체하기, 건망증, 마음이 없이 하는 작업, 또는 마지막 순간에 취소하는 것 따위는 아니오라는 말을 은근히 품고 하는 것입니다. 그러니 잘 생각하여 처음부터 싫은 것은 싫다고 하는 것이 좋겠지요.

'아니오'라는 말은 **가장 중요한 일**에
'네'라고 답할 수 있게 한다.

7

손을 뻗으라.

am always with you;
you hold me by
my right hand.

PSALM 73:23

내가 항상 주와 함께 하니
주께서 내 오른손을
붙드셨나이다. (시 73:23)

TO KEEP YOUR LOVE ALIVE

　배우자의 죽음 뒤에 홀로 남겨진 아내나 남편은 아무도 더 이상 자신을 만져주는 사람이 없다는 사실을 슬퍼합니다. 거의, 어쩌면 아무도 배우자가 자신을 너무 많이 어루만져 준다고 불평하는 사람은 없을 것입니다.

　이제부터라도 '손끝이 닿은' 소중한 추억을 계속해서 만들어 보세요. 식탁에서 손을 뻗어 배우자의 손을 부드럽게 쥐어보세요. 거리를 걸을 때에도 팔짱을 껴보세요. 이렇게 간단한 스킨쉽은 돈을 필요로 하는 것도 아니고 큰 노력이 필요한 것도 아니지만, 잘만 실천한다면 큰 이자를 거둬 들일 수 있습니다. 당신의 자상한 손길은 사랑의 전달 도구이며 긍정적인 정서를 더욱 윤기나게 해 줍니다.

손을 뻗어 당신이 사랑하는
사람을 어루만지라.

101 SIMPLE SECRETS

신용카드는 단 한 개만 가지고 다니라.

Always pay; for first or
last you must
pay your entire debt.

외상을 남기지 말라. 처음이나 마지막이나
언제나 전체 금액을 지불하도록 하라.

TO KEEP YOUR LOVE ALIVE

    결혼 생활에서 부채나 그에 따른 관리로 인한 스트레스 보다 더 큰 스트레스는 별로 없습니다. 그런데, 왜 신용카드를 모두 없애라고 하지 않았을까요? 안타까운 일이지만 적어도 하나 정도의 신용카드는 가지고 있어야 차를 살 수 있고 여행을 할 때도 많은 현금을 가지고 다니지 않을 수 있고 신용카드에 부가된 서비스를 이용할 수 있습니다.

    그러니 신용카드를 전부 잘라버리지는 마세요. 하나는 남겨두고 없애버리세요. 갚지 못한 청구서로 인한 걱정과 스트레스가 없는 삶을 상상해 봅시다. 산다는 것이 훨씬 간단해지고 결혼 생활도 더욱 평화로워질 겁니다.

부채와 근심은 한 몸에 달린 두 머리이다.

101 SIMPLE SECRETS

9

TV로부터 방학하자.

The easiest way to find more time
to do all the things
you want to do is to turn
off the television.

당신이 하고 싶은 일을 모두 할 수 있는
시간을 찾는 가장 쉬운 방법은
즉시 TV를 끄는 일이다.

TO KEEP YOUR LOVE ALIVE

　TV 없는 생활을 상상하기 어려운 사람들이 많이 있습니다. 아예 TV를 없앤다면 마치 나쁜 습관을 끊는 것과 같이 급격히 삶의 양태가 변화될 것입니다. 처음에는 하루, 혹은 적어도 하루 저녁 정도를 TV 보지 않는 것과 같은, 작은 것부터 시작한다면 좋은 결과를 기대할 수 있습니다. 함께 할 수 있는 즐거운 활동을 계획하는 것도 도움이 될 것입니다. 함께 독서를 하거나 서로가 관심이 있는 주제로 대화를 해보면 어떨까요?

　일단 무의식적으로 TV를 켜는 습관을 버리고 나면, 잃어버렸던 대화의 기술을 연마할 수 있을 것입니다. 생활에서 일어났던 크고, 작은 일들을 나누는데 시간을 보낸다면 당신의 관계는 새로운 친밀감이 살아날 것입니다. 서로 나눌 수 있는 주제가 생각보다 훨씬 많다는 사실에 놀라게 될 것입니다. 아마 실제 당신의 생활이 당신이 좋아하는 시트콤의 주인공들 만큼이나 재미난 일들로 가득하다는 것을 발견하게 될 것입니다.

TV는 진정한 인생의 거짓된 대체물이다.

10

함께 하는 시간을 귀중히 여기라.

There is no more lovely, friendly, and
charming relationship,
communion, or company
than a good marriage.

좋은 결혼 생활보다 더 사랑스럽고
친밀하며 멋진 관계, 동반자
그리고 동지가 되는 것은 없다.

TO KEEP YOUR LOVE ALIVE

   우리는 종종 귀중품들을 보관하는데 큰 공을 들입니다. 금에 광을 내고, 차에 왁스칠을 하고, 유산으로 물려받은 다이아몬드 보석류를 위해 은행의 금고를 대여하거나 완전 대체가치를 보장받기 위해 보험을 들기도 하지요. 하지만 우리의 가장 귀중한 보물 하나를 무시하고 있는 것은 아닐까요? 건강한 결혼 생활을 위해서는 함께 보내는 시간에 투자해야 합니다. 그 시간을 정성스럽게 보호하고 양육하여 확정하는 것이지요.

   좋은 결혼 생활의 가치를 절대 과소평가하지 마세요. 그를 통해 당신은 위안과 격려, 심지어 자녀들이 다 자라 떠난 후에도 가족의 강한 유대감을 주는 평생의 관계를 얻을 수 있습니다. 하지만 결혼 생활에도 계속적인 유지보수가 필요합니다. 어떤 일도, 어떤 사람도 두 사람이 함께 할 수 있는 귀중한 순간들을 방해하지 않도록 지키세요.

*결혼 생활에 투자한 시간은
값으로 따질 수 없는 결과를 낳는다.*

101 SIMPLE SECRETS

11

함께 산책하라.

*My lover spoke and said to me,
"Arise, my darling,
my beautiful one,
and come with me."*

Song of Solomon 2:10

나의 사랑하는 자가 내게 말하여 이르기를
나의 사랑, 내 어여쁜 자야
일어나서 함께 가자 (아 2:10)

TO KEEP YOUR LOVE ALIVE

 지금 바로 자리에서 일어나세요! 동네 주변 산책은 여러 가지로 두 사람에게 좋습니다. 집에 자녀들이 있다면 유모차에 태우거나 인라인 스케이트를 신기세요. 심장이 강하게 고동할 정도로 빨리 걷는 것이 좋지만 편안히 얘기할 수 없을 정도로 빠른 것은 좋지 않습니다. 당신의 바빴던 하루를 자세히 나누세요. 해가 지는 장면을 함께 보세요. 혹은 침묵 속에서 거닐어 보세요. 신선한 공기와 서로에게 속해 있다는 편안한 감정을 흡입하세요.

 산책을 갈 수 없는 편리한 변명이야 많겠지만, 아마 당신도 저녁 산책이 그만한 값어치가 있다는 것을 금방 알게 될 것입니다. 산책은 몸에는 운동을, 그리고 결혼 생활에는 활력을 주는 일입니다. 미룰 일이 아닙니다.

> 날마다 적어도 몇 분이라도
> 두 사람이 함께 산책하도록 하라.

12

트위스트, 트위스트, 차차차!

When you finally allow yourself to
trust joy and embrace it,
you will find you dance
with everything.

자신을 신뢰하여 기쁨을 누릴 수 있다면
모든 것에도 춤 출 수 있게 될 것이다.

TO KEEP YOUR LOVE ALIVE

 어린이들은 어떤 음악에도 몸을 움직이며 춤을 출 수 있지만, 어른들은 춤판으로 손을 잡아 끌어내야만 하는 경우가 많습니다. 어른들은 춤 추는 일이 얼마나 멋진 일인지 잊어버리고 남에게 어떻게 보일까에만 신경을 씁니다. 춤을 추면 기분이 좋아지는 데에는 그만한 이유가 있습니다. 춤은 자연스레 기분을 좋게하는 호르몬인 엔돌핀을 자극합니다. 또한 감정을 표현하도록 도와주는 부가적인 장점도 가진 훌륭한 운동입니다. 이렇게 좋은 일이 더 좋게 되려면 두 사람이 함께 춤을 추는 것입니다!

 그러니 꽃처럼 앉아 있을 이유가 없겠지요? 댄스 강좌를 수강하거나 스테레오를 켜고 비트에 맞춰 움직여 보세요. 춤이 재미있으면서 건강에도 좋다는 것을 이제 알지 않았습니까!

작은 음악소리에 커다란 유익이 있다.

13

다른 사람을 용서하라.

Be gentle and ready to forgive;
never hold grudges.
Remember, the Lord forgave you,
so you must forgive others.

Colossians 3:13 TLB

누가 누구에게 불평할 일이 있더라도,
서로 용납하여 주고, 서로 용서하여 주십시오.
주님께서 여러분을 용서하신 것과 같이,
여러분도 서로 용서하십시오. (골 3:13)

TO KEEP YOUR LOVE ALIVE

 사람들은 서로에게 상처를 주고 받습니다. 의도적인 것은 아니었다 할지라도 그럴 수 있는 것이 바로 삶의 현실입니다. 그와 같은 상처를 안고 있다면 당신의 육체, 특별히 가슴에 큰 짐을 얹고 있는 것입니다. 그것은 좀더 긍정적인 일에 사용될, 예를 들면 결혼 생활을 풍성하게 할 일들에 사용될 당신의 에너지를 앗아갑니다.

 용서는 선물입니다. 아무런 조건도 없이, 상처를 준 사람이 회개를 하거나 후회를 하느냐에 상관없이 주는 것입니다. 그렇다고 용서가 잘못을 저지른 사람의 행동에 면죄부를 주는 것은 아닙니다. 그것은 당신이 얼마나 상처를 입었는지를 완전히 이해하고, 그럼에도 불구하고 그 상처준 사람에게서 놓여나기를 선택하는 일입니다. 그것은 오로지 하나님을 통해서만 이룰 수 있는 그런 종류의 것입니다. 왜냐하면 하나님께서 당신을 위해 그저 용서하셨기 때문이지요.

*다른 사람을 용서하는 것은
당신이 자신에게 주는 선물이다.*

14

배우자와 함께 책을 읽으라.

The pleasure of all reading is
doubled when one
lives with another who
shares the same books.

함께 사는 사람과 같은 책을 공감한다면
독서의 즐거움은 배가된다.

TO KEEP YOUR LOVE ALIVE

 늘 골치 아픈 뉴스들로 가득한 신문은 옆으로 치워놓으세요. 대신에 탐험가처럼 사명을 가지고 배우자와 함께 가까운 도서관이나 서점으로 가십시오. 두 사람이 모두 좋아하는 책을 발견할 때까지 찾아보십시오. 오랫동안 잊었던 독서의 즐거움을 회복하세요. 책장에 꽂혀 있는 책들을 죽 훑어보는 것만 해도 도움을 주는 책들, 미스테리물, 자서전, 혹은 고전들 등 인생의 무궁무진한 가능성을 열어보이는 이야기들이 거기 있을 겁니다. 아마 당신의 배우자는 당신이 어렸을 때 가장 좋아했던 옛날 이야기를 듣고 싶어할지 모릅니다.

 날마다 몇 분의 독서에서 두 사람이 함께 낚을 수 있는 것은 신선한 통찰력, 정보 그리고 감흥일 것이며, 두 사람이 공유한 경험을 넓히고 대화의 새로운 영역을 찾게 될 것입니다.

책을 읽고 정신을 살찌우라.

15

자신의 정서적 부담을 조절하라.

The first rule is to keep an untroubled spirit.
The second is to look things
in the face and know them
for what they are.

첫 번째 규칙은 편안한 정신을 유지하는 것이다.
두 번째는 사물을 직시하여 그것들을
있는 그대로 파악하는 것이다.

TO KEEP YOUR LOVE ALIVE

　인간에게는 정도의 차이는 있지만 자신의 정서에 부정적인 영향을 끼치는 고통의 경험이 내재해 있습니다. 그런 경험들은 우리가 내리는 결정과 배우자를 포함하여 다른 사람들과 좋은 관계를 맺는데 그릇된 영향을 미칩니다. 만약 당신이 죄의식, 실패감, 분노 혹은 과거 경험에서 오는 수치심을 경험하고 있다면, 그 감정들을 무시하지 마세요. 그런 감정들이 방치된다면 분명히 그것들은 형체도 없이 파고들어 당신의 결혼 생활을 아프게 할 것입니다.

　좀더 정서적으로 안정되어 다른 사람과 배우자를 사랑하는 사람이 되고 싶다면, 용기를 내어 마음의 부서진 곳을 보수하는 작업이 절대 필수지요. 자신을 정직하게 돌아보십시오. 하나님, 절친한 친구, 배우자 그리고 전문적 상담자와 기꺼이 대화하려는 자세를 가지세요. 정서적으로 건강한 사람일수록 결혼 생활도 건강할 것입니다.

당신의 짐을 가볍게 하라.
쓴 감정의 보따리를 흐르는 강물에 던져 버리라.

16

말하고, 듣고, 말하고, 듣고, 말하고, 듣고, …

*When you talk you are only repeating
what you already know-
but if you listen you may
learn something.*

말이란 당신이 이미 알고 있는 사실을
반복하는 것에 지나지 않는다. 하지만 당신이
듣고자 한다면 뭔가를 배우게 된다.

TO KEEP YOUR LOVE ALIVE

 자존감을 세우는 방법 중의 하나는 당신이 세상에서 가장 소중히 여기는 사람이 당신의 생각과 의견 그리고 감정에 진정한 관심을 가져주는 일일 겁니다. 서로 주고 받는 의사소통은 결혼 생활이 더욱 성장하고 발전하게 하는 자양분이 됩니다.

 배우자가 어떤 생각을 하고 있는지 혹은 어떤 감정을 가지고 있는지 잘 알고 있다고 단정하지 마십시오. 관심을 집중하여 충분히 주의를 기울이세요. 당신이 듣고 싶어하는 말만 듣지 말고 상대방이 말하고 싶어하는 것을 들으십시오. 당신의 순수한 관심보다 더 값진 칭찬은 없습니다. 좋은 결과를 얻기 위해서 배우자를 우선하도록 하십시오. 대화의 순서를 바꿔 놓으십시오. 이렇게요. 듣고, 말하고, 듣고, 말하고, 듣고, 말하고,...

배우자에게 기가 막힌 칭찬이 있다,
두 눈을 바라보고 온 몸으로 들으라!

17

유머 감각을 개발하라.

*A*mong those whom I like or admire,
I can find no common
denominator, but among those
whom I love, I can: all of them
make me laugh.

내가 좋아하거나 존경하는 사람들의 공통 분모를
발견할 수는 없지만 내가 사랑하는 사람들 중에서는
찾을 수 있다. 그들 모두는 나를 웃게 만든다.

TO KEEP YOUR LOVE ALIVE

 훌륭한 유머 감각을 배우자와 나눌 수 있다면 무한한 기쁨의 원천이 될 것입니다. 이 미친 것 같은 세상에 관해 코믹한 통찰력을 보인다면 결혼 생활에 활력을 불어넣어 줄, 마음을 가볍게 하는 분위기를 조성할 것입니다.

 만약 유머 감각을 타고나지 못했다 하더라도 계발할 방법이 있습니다. 대화 중에 관찰자가 되도록 자신을 훈련하십시오. 사람들의 웃음을 자극하는 사람들의 말에 집중하다보면 어떤 것이 재미있는지, 그리고 어떻게 말의 유희를 만드는지 발견할 수 있을 것입니다. 유머 감각이 좋은 사람들을 관찰하십시오. 그리고 그들이 일상 생활과 대화에서 그런 유머를 어떻게 사용하는지 주목하세요. 중요한 것은 당신의 배우자와 함께 웃음을 공유하는 영광을 누리는 것입니다.

웃음은 행복한 결혼 생활로 가는 길이다.

101 SIMPLE SECRETS

18

배우자와 함께 기도하라.

---

*W*here two or three are gathered
together in my name,
there am I in the midst them.

MATTHEW 18:20 KJV

두세 사람이
내 이름으로 모인 곳에는
나도 그들 중에 있느니라. (마 18:20)

TO KEEP YOUR LOVE ALIVE

　두 영혼이 기도하기 위해 함께 고개를 숙이지 않았다면, 서로의 감정이 날실과 씨실처럼 교직될 만큼 가까이 하지 마십시오. 방해물들을 잠깐 비껴놓으면, 하나님의 개입하심이 자신의 인생에, 그리고 자신들의 삶과 결혼에 하나님의 축복이 필요함을 서로 인정하는 남편과 아내 사이에 성스럽고 거룩한 애정이 오고 갑니다.

　이제, 배우자의 손을 잡고 하나님께 기도하자고 제안하세요. 당신에게 주신 많은 축복들에 대해 먼저 하나님께 감사하십시오. 그런 다음 당신의 부담, 걱정 그리고 책임을 하나님께 함께 제시하세요. 그날의 도전들에 맞서도록 하나님의 지혜를 구하십시오. 그분의 도움을 청하여 전능하신 분을 당신의 삶에 초대하십시오.

기도의 끈으로 결혼 생활을 단단히 묶으라.

19

자신의 건강을 스스로 챙기라.

ealth is not valued until
sickness comes.

병들기 전에는
건강의 소중함이 드러나지 않는다.

TO KEEP YOUR LOVE ALIVE

 가족의 차에 엔진 오일을 점검하거나 바꾸는 사람이 없다면 그 차의 엔진은 그리 오래 가지 못할 것입니다. 당신의 신체도 제 기능을 하기 위해서는 적절한 주의와 관심이 필요합니다. 무관심해도 당분간은 별일이 없겠지만, 결국에는 부주의한 유지보수로 인한 값을 톡톡히 치르게 될 것입니다.

 자동차에 들이는 공 만큼이나 우리의 신체에 정성을 쏟는 사람은 많지 않습니다. 우리는 연료가 바닥난 채로 무리를 하거나, 즉 스트레스 많은 날을 바빠 보내면서 식사를 거른 채 보낸다거나, 연료를 채우더라도 겨우 설탕 따위의 건강치 못한 연료를 주입하기도 합니다. 정기적인 유지보수를 할 장기 계획을 세우세요. 당신의 신체를 '높은 옥탄가'의 음식으로 채우십시오. 생활의 리듬이 적절한 속도가 되도록 속력을 늦춰보십시오. 몸에 병이 들거나 피곤이 지속된다면 결혼생활 자체가 부실할 수밖에 없을 것입니다.

자신의 신체를 존중하라.
그것에 필요한 관심을 기울이라.

101 SIMPLE SECRETS

두 사람이 함께 할 수 있는 취미를 발견하라.

People who cannot find time for
recreation are obliged sooner
or later to find time for illness.

오락을 위한 시간을 낼 수 없는 사람은
조만간 병석에 매여 있는 시간을 내게 될 것이다.

TO KEEP YOUR LOVE ALIVE

배우자와 함께 할 새로운 관심거리를 찾은지가 언제였나요? 서로 다른 취미생활을 하느라 귀중한 여가 시간을 따로 보내지 말고 두 사람이 함께 즐길 수 있는 활동을 찾아보십시오. 공통된 취미와 관심을 추구한다면 일상생활의 스트레스와 복잡한 의무에서 정신이 놓여나게 될 것이고 서로 휴식하는 기회가 될 것입니다.

오토바이 타기, 골프, 조류 관찰, 정원 가꾸기, 우표 모으기, 스카이다이빙, 보트 타기 등 어떤 부부나 그 예산, 스케줄, 에너지 수준에 맞도록 조절할 수 있는 취미활동을 찾을 수 있을 것입니다. 두 사람에게 꼭 맞는 취미를 정하기 전에 다양한 시험을 거쳐볼 필요가 있을 것입니다.

자신의 인생을 사랑하는 마음으로
주어진 시간을 활용하라.

21

자신의 배우자에 관해 다른 사람에게
부정적으로 말하지 말라.

A word rash;y spoken cannot be
brought back by
a chariot and four horses.

지각없이 내뱉은 한 마디의 말이
네 마리의 말이 끄는 전차가 되어
돌아올 수는 없다.

TO KEEP YOUR LOVE ALIVE

여러 사람이 모여 토론하는 그곳이 불평불만을 달래주는 적절한 장소는 아닙니다. 비록 배우자가 비판을 잘 수용하는 편이라고 하더라도 다른 사람들이 있는 곳에서는 당신의 분노와 불평을 표현하지 마십시오. 그러한 행동은 종종 뒷탈이 생기게 합니다.

오후에 방송되는 TV 토크쇼에서 밝혀진 바와 같이 청중은 그렇지 않아도 말썽의 소지가 있는 상황을 진정시키기 보다는 불난 집에 부채질을 하는 경우가 더 많습니다. 당신이 배우자의 비판을 공개적으로 한다면, 그것은 자신의 배우자에 대한 청중의 평가를 깎아내리는 것일뿐만 아니라 당신에 대한 평가도 마찬가지로 나빠지게 하는 것입니다. 스스로 자문해 보십시오. 내 배우자를 다른 사람에게 흉보아서 내가 얻을 수 있는 것이 무엇일까? 그 질문에는 그다지 긍정적인 답을 하기가 어려울 것입니다.

의견의 불일치에 대해서는
사적(私的) 공간에서도 토론할 수 있다.

22

화를 품은 채로 잠자리에 들지 말라.

"*I*n your anger do not sin":
Do not let the sun go down
while you are still angry, and
do not give the devil a foothold.

EPHESIANS 4:26-27

화를 내더라도,
죄를 짓는 데까지 이르지 않도록 하십시오.
해가 지도록 노여움을 품고 있지 마십시오.
악마에게 틈을 주지 마십시오. (엡 4:26-27)

TO KEEP YOUR LOVE ALIVE

 어둡고 습한 숲 속에서 소리없이 버섯이 자라는 것처럼, 화의 씨앗은 밤을 틈타 만개하게 됩니다. 마치 악의는 그 길고 어두운 시간을 틈타 몸집을 불리는 것같이 보입니다. 시계 바늘이 째깍째깍 움직일 때마다 심야의 광포함은 증폭됩니다. 화는 자연적인 인간의 감정이지만 그대로 내버려두면 서로의 관계를 심하게 손상시킵니다.

 화를 품고 잠자리에 들지 마십시오. 영영 되돌릴 수 없는 흉터를 만드는 쓴뿌리를 그대로 내버려 두지 마십시오. 분노의 싹이 텃다면 아직 빛이 있는 동안에 그 감정을 드러내십시오. 당신의 배우자와 문제의 그 일에 관해 터놓고 이야기를 나누세요. 그리고 재빨리 잊고 용서하십시오. 그렇지 않은채로 밤을 보내고 떠오르는 태양을 맞게 되면 그 정겨운 빛을 피해 도망가고 싶어질지 모릅니다.

밤의 안식을 취하기 전에
분노를 먼저 잠재우라.

23

달력에 배우자와 데이트를 하기 위한
날을 표시하라.

The unfortunate thing about this world
is that good habits are so much
easier to give up than bad ones.

세상에서 불행한 일은 좋은 습관이
나쁜 습관보다 버리기가 훨씬 쉽다는 것이다.

TO KEEP YOUR LOVE ALIVE

 주간 계획표에 약속을 정하기 전에 배우자와 함께 할 하루 저녁은 남겨두십시오. 그 시간을 중요한 사업상의 회의를 정하는 것처럼 정해두십시오. 여유있는 날은 거의 없지만, 그나마 얼마 없는 날도 마술처럼 사라지기 일쑤입니다. 스케줄이나 은행 잔고가 주간 데이트를 허용하지 않는다면 매월의 랑데뷰를 목표로 하는 것도 좋습니다.

 금요일 저녁에 영화를 보는 데이트를 위해 펜을 들기가 불가능하다면 토요일 아침을 가장 좋아하는 식당에서 데이트하거나 일요일 오후에 공원을 산책할 것을 고려해보세요. 일단 서로 가장 편리한 시간, 날짜 그리고 장소를 결정하고 나면 이 중요한 밀회의 신도가 되어 지키십시오. 어떤 일도 누구도 이 시간에 끼어들지 못하게 하세요.

결혼 후의 데이트는
부부간의 로맨스를 생기 있게 만든다.

24

파출부를 고용하라.
그렇지 않으면 당신의 기준을 낮추라.

here there is room in the heart
there is always room
in the house.

마음에 여유가 있는 사람은
집안에서도 여유를 찾을 수 있다.

TO KEEP YOUR LOVE ALIVE

당신이 대부분의 사람들과 같다면 집안은 어지러울 것입니다. 아직 따라다니며 코를 풀어주어야 할 어린 자녀가 있거나 애완동물까지 있는데 청소기라도 고장이 난다거나, 독감의 공격이라도 받는다면 집안이 어떤 형국에 이르게 될지는 상상하기 어렵지 않을 것입니다. 잡지에 나오는 집과 같이 럭셔리하게 집안을 가꾸려면 전업 직장의 업무량과 같은 시간을 요구하게 됩니다. 안타깝게도 우리의 가정생활은 그렇게 많은 시간을 허락하지 않습니다.

하지만 다른 면으로 보자면 마구 어질러진 집은 스트레스를 줄 뿐만 아니라 귀중한 시간을 빼앗아갑니다. 그렇게 되지 않기 위해서는 일상의 일들은 어떻게 처리해야 합니까? 세탁, 설거지, 곰팡이가 나지 않고 식료품을 관리하는 것은 모두 중요한 일입니다. 하지만 지하실 청소와 같은 것들은 어떻게 할까요? 가족 구성원간의 분담이나 온 식구가 참여하는 분기별 대청소를 적극 이용하고 평소 사용한 물건은 반드시 제자리두기를 생활화한다면 대부분의 집은 잘 유지 될 수 있을 뿐만 아니라 더욱 편안하고 머물고 싶은 집이 될 것입니다.

사람이 집을 소유해야지
집이 당신을 소유하도록 하지 말라.

101 SIMPLE SECRETS

25

저녁 식사를 함께 하라.

*When you have eaten your fill,
bless the LORD your God
for the good land he has given you.*

DEUTERONOMY 8:10 TLB

주 당신들의 하나님이 당신들에게 주신 옥토에서,
당신들은 배불리 먹고
주님을 찬양할 것입니다. (신 8:10)

TO KEEP YOUR LOVE ALIVE

　식사를 항상 서둘러 하고 있지는 않나요? 오늘 저녁 식사를 운전대에 앉아 햄버거 하나로 때울 작정이라구요? 그렇다면 당신은 배우자와 대화를 나눌 기회를 잃어버리는 것입니다.

　가능하면 자주 집의 조용한 식탁에 앉아 식사를 나누어 보십시오. 거창한 계획은 세우지 않는 것이 좋습니다. 왜냐하면 그런 계획은 거의 현실화시키기 힘들기 때문입니다. 멋진 식기를 사용하면 분위기는 더 낫겠지만 반드시 필요한 것은 아닙니다. 전화를 꺼놓고 응답기가 대답하도록 돌려놓으세요. 큰 소리로 고함치는 TV 보다는 잔잔한 음악이 어울립니다. 분위기를 돋구고 싶다면 초에 불을 붙여보세요. 저녁 식사에 편안한 분위기를 제공한다면 당신의 신체뿐 아니라 결혼 생활도 풍성한 영양을 섭취하게 되는 것입니다.

> 당신이 정찬을 즐길 시간이 없을 정도로
> 바쁘다면 그건 지나치게 바쁜 것이다.

26

동의하지 않음에 동의하라.

We all live under the same sky
but we don't all have
the same horizon.

우리 모두는 같은 하늘 아래에서 살지만
같은 수평선을 가지고 있는 것은 아니다.

TO KEEP YOUR LOVE ALIVE

 배우자와 장기간의 불화나 열띤 논쟁을 벌일 만큼 가치 있는 문제는 거의 없습니다. 당신이 때때로 배우자의 관점에서 사물을 보지 못한다는 사실을 받아들이는 것이 좋습니다. 아마 두 사람의 의견 차이는 정치적 관점이나 철학적 자세의 차이일 수도 있습니다. 가장 완벽하게 일치하는 부부라 하더라도 모든 일에 합치하기를 기대할 수는 없습니다.

 의견 차이가 표면으로 드러날 때는 스스로에게 물어보십시오. 이것이 우리가 결코 합의에 이를 수 없는 문제인가? 이 의견 차이로 인해 우리 결혼 생활에 중대한 영향이 생길 것인가? 이것으로 인해 우리 관계에서 갈등이 지속되는 것을 허락할 만한 가치가 있는 것인가? 어떤 전투는 싸울 가치가 있습니다. 하지만 그렇지 않은 전투도 있는 법입니다. 조심스레 전투를 선택하십시오.

두더지 구멍으로 산을 만들지 말라.

27

배우자와 함께 침실에 들도록 하라.

*B*ed is a bundle of paradoxes:
We go to it with
reluctance, yet we
quit it with regret.

수면은 역설 덩어리이다.
잠자리에 들기는 싫으나
잠에서 깨기도 어렵다.

TO KEEP YOUR LOVE ALIVE

 어린 시절 부모님이 이불을 꼭 덮어주시고 뺨에 뽀뽀를 해주며 잘 자란 인사를 주시던 때를 기억할 수 있습니다. 우리는 이제 다 커버렸지만, 이런 보물과도 같은 하루의 마지막을 장식하는 따스한 의식까지 버려야할 필요는 없습니다. 당신의 배우자와도 하루의 마지막을 이런 밤의 의식으로 장식해 보세요.

 당신이 잠자리에 들기 위해 침대로 갈 때에 배우자가 소파에서 졸고 있도록 내버려 두지 마십시오. 일으켜 세워 함께 자러 가는 것이 좋습니다. 적어도 서로에게 키스를 하고 '잘 자요'라고 밤인사를 할 만큼의 에너지는 남겨두어야 합니다. 너무 피곤해서 낭만적인 연극을 하지는 못해도 말입니다. 두 사람이 함께 잠이 든다면 편안함을 증대시킬 것이며 밤의 깊은 휴식을 위한 첫 걸음이 될 것입니다.

잠자리 의식은 어린이를 위한 것만이 아니다.

101 SIMPLE SECRETS

28

악의 모습을 피하라.

bstain from all appearance of evil

1 Thessalonians 5:22 KJV

갖가지 모양의 악을 멀리 하십시오.

(살전 5:22)

TO KEEP YOUR LOVE ALIVE

 이성의 동료와 점심 식사를 함께 한다면 그것은 엄격히 공적인 일로 제한하여야 합니다. 이성의 동료와 밤 늦게까지 야근을 하는 것은 합당한 일입니다. 그렇지만, 당신의 행동이 다른 사람들로부터 의심의 눈초리를 사게 한다면 경계하십시오. 배우자의 질투심을 불러 일으킬 어떤 상황도 비켜가야 합니다.

 우리는 이런 조심스런 태도가 고리타분하고 시대에 맞지 않는다고 비웃음을 당하는 시대에 살고 있습니다. 하지만 자신의 행동에 흠이 없도록 한다면 유혹과 오해에서 벗어날 수 있을 것입니다. 그리고 당신의 배우자가 당신의 변함없는 사랑과 신실함에 좀더 안심하게 만들 것입니다. 당신의 결혼 생활 보다 더 중요한 사업상의 일은 없겠지요.

성실함이 지속되면 신뢰는 깨지지 않는다.

101 SIMPLE SECRETS

29

마사지를 받으라.

He who refreshes others will himself
be refreshed.

PROVERBS 11:25

남을 윤택하게 하는 자는
자기도 윤택하여지리라.

(잠 11:25)

TO KEEP YOUR LOVE ALIVE

마사지를 받으면 기분이 좋아질 뿐만 아니라 몸에도 좋습니다. 마사지에 사용되는 움직임은 당신의 신체가 자연스럽게 이완되도록 반응을 유도하지요. 그리하여 신경계의 긴장이 풀리는 것입니다. 또한 순환을 자극하여 지나친 긴장과 연관된 고통을 줄이는데 도움이 됩니다. 마사지는 스트레스 호르몬을 줄여주고 세라토닌이라는 감정을 편안하게 하고 정신력을 증진시키는 물질을 증가시킵니다.

그렇다면 자격증이 있는 마사지 전문가에게 마사지를 받도록 약속을 정하는 것은 어떨까요? 당신이 결혼을 하였다면 망설이지 말고 배우자에게 마사지를 해주도록 합시다. 연구에 의하면 마사지는 받는 사람만 효과가 있는 것이 아니라 해 주는 사람도 유익이 있다고 합니다. 남편이나 아내는 분명 자신이 받은 사랑에 보답하고자 할 것입니다.

마사지는 신체에 좋고 정신에 이롭다.

30

사랑하는 사람들을 위해 시간을 내라.

Wishing to be friends is quick work,
but friendship is
a slow-ripening fruit.

친구가 되겠다고 생각하기는 쉽지만
우정은 서서히 익는 과일이다.

TO KEEP YOUR LOVE ALIVE

결혼 생활은 가장 중요한 인간관계이지만, 결혼 생활 밖의 인간관계도 마찬가지로 중요합니다. 그들이 감기와 독감에서 당신을 보호해줄 수 있다는 사실을 알고 있나요? 우리 몸은 스트레스를 받으면 아드레날린과 코티솔이란 호르몬이 증가되어, 환경 중에 있는 '세균들'에 대한 저항력이 떨어집니다. 하지만 당신이 사랑하는 누군가와 그리고 당신을 걱정하는 누군가와 함께 시간을 보낸다면 이런 병균들로부터 오는 무차별적인 공격에 저항할 수 있는 면역력이 증강될 것입니다.

이제 수화기를 드십시오. 만날 수 있는 가능한 날짜를 잡으세요. 당신이 좋아하는 사람을 만나기 위해 복잡한 일정표에 어떻게든 시간을 만들어 보세요. 미리 계획을 잡든가 아니면 즉흥적인 약속도 좋습니다. 미루고 있지는 마십시오. 당신의 신체가 당신에게 감사할 것이며, 감정적으로도 그러할 것입니다.

친구들과 사랑하는 사람들은
당신의 시간을 투자할 만한 가치 있는 선물이다.

31

하나님께서 당신의 배우자를 보호하고
인도하시기를 구하라.

Heaven is full of answers to prayers
which no one ever
bothered to ask.

천국은
아무도 요청하지 않은
기도에 대한 응답들로 가득하다.

TO KEEP YOUR LOVE ALIVE

하루를 지내면서 당신이 배우자에 관해 생각해 보는 시간을 얼마나 가지고 있나요? 당신의 생각이 배우자에게 옮겨갈 때마다, 하던 행동을 잠시 멈추고 눈을 감고 기도하는 새로운 습관을 들여 보세요.

당신의 배우자가 안고 있는 구체적인 문제나 상황을 알고 있나요? 지혜와 인도하심이라는 특별한 간구를 위해 잠깐 시간을 내십시오. 모든 위험에서 특별히 보호하시도록 기도하십시오. 당신의 배우자가 인생의 모든 질고에도 불구하고 기쁨과 평강을 누리는 축복을 하나님께 구하세요. '아멘'으로 기도를 마치기 전에 그런 특별한 사람과 인생을 나누도록 허락하심에 감사하세요. 마음을 열고 초자연적인 통찰을 받아들여 바로 당신 자신이 사랑을 증가시키는 주체가 됨을 깨닫도록 하십시오.

기도는 부부가 멀리 있을 때에도
함께 있게 한다.

32

배우자에게 당신이 필요한 것을 알려주라.

Understanding human needs is half
the job of meeting them.

인간의 필요에 대한 이해가
그 필요를 채워주는 일의 절반이다.

TO KEEP YOUR LOVE ALIVE

 세월이 흐르면서 부부는 말하지 않아도 서로의 마음을 자연적으로 알고 있다고 짐작해버리기 때문에 언어로 서로의 감정을 전달하는 일에 게을러지기가 쉽습니다. 이는 특별히 오랜 기간 동안 누려야하는 관계에 있어서는 불행한 일이 아닐 수 없지요. 훌륭한 결혼 생활을 누리고 있는 부부들은 그런 관성을 극복하기를 배운 사람들입니다.

 당신이 배우자의 마음을 읽는 일에 아무리 능숙하다고 해도 때로는 그 사람의 머리 속에 들어가 있지 않은 이상 알 수가 없을 때도 있는 법입니다! 당신의 생각과 배우자의 사고방식이 얼마나 일치되어 있는지에 상관없이 어떤 일에도 추측하거나 지레짐작하지 마십시오. 귀찮더라도 당신의 생각을 말로 표현하세요. 다른 사람이 당신의 모든 필요, 요구, 그리고 욕망을 이해하기란, 아무리 가까운 사이라 해도 무모한 기대에 무모한 실망이 따르는 일입니다. 모든 일을 의논하세요. 의사소통이 되도록 하십시오.

의사소통이 부족하면
기대는 절대 채워지지 않는다.

33

배우자를 당신의 가장 친한 친구로 선택하라.

For this reason a man will leave his father and mother and be united to his wife, and they will become one flesh.

GENESIS 2:24

이러므로 남자가 부모를 떠나
그의 아내와 합하여 둘이
한 몸을 이룰지로다. (창 2:24)

TO KEEP YOUR LOVE ALIVE

 어느 인기있는 여성잡지의 상담 칼럼에 최근 다음과 같은 평범치 않은 질문이 실렸습니다. 한 예비 신부가 가장 친한 친구인 한 남자에게 곧 있을 결혼식에서 자신의 '들러리'가 되어줄 것을 요청하고 싶다고 하면서, 이런 경우에 그 남자를 일컫는 적절한 호칭이 무엇인지를 알고 싶어 하였습니다. 이 여성의 질문을 정리하면 이렇게 될 것입니다. 결혼할 남자가 나의 가장 친한 친구가 아닌 경우 내 결혼의 성공여부는 어느 정도일까요?

 당신의 결혼은 모든 지상의 관계에서 궁극적인 관계로 집약되어야 합니다. 당신의 배우자가 가장 친한 친구이며, 가장 신뢰하는 사람이며, 당신이 조언과 위안 그리고 사랑을 기대할 수 있는 가장 첫 번째이자 마지막 사람이 되어야 한다는 말이지요. 당신의 배우자가 가장 절친한 친구가 아닌가요? 그렇다면 배우자를 가장 친한 친구로 만들기 위해 자신이 할 수 있는 일은 무엇인지 오늘부터 시작해 봅시다.

우정은 모든 훌륭한 결혼 관계의 기초가 된다.

101 SIMPLE SECRETS

34

인생에 대한 긍정적인 전망을 유지하라.

Attitudes are capable of making
the same experience
either pleasant or painful.

태도에 따라 같은 경험이라도
그것이 즐거운 것으로도,
고통스러운 것으로도 될 수 있다.

TO KEEP YOUR LOVE ALIVE

　단 한 마디의 불평이라도 부정적 사고방식의 연쇄 작용을 일으킬 수 있습니다. 부정적인 사고는 토끼보다 더 빨리 뜁니다. 불평불만의 태도가 긍정적인 결과를 일으키는 적은 거의 없습니다.

　일이 무척이나 잘 돌아간다 하더라도 대부분의 우리들은 무언가 불평거리를 찾아내기 마련입니다. 부정적 사고의 습성에 빠지기는 그만큼 쉬운 법이지요. 오늘, 쓰디쓴 부정적 생각을 끝장내고 대신에 자신의 태도를 개선할 방법을 찾겠다고 결심하십시오. 친절한 행동을 이따금 보여주세요. 관심을 자신의 문제에서 돌려 다른 사람의 필요에 집중해보세요. 자신의 배우자와 주변의 사람들에게 내가 가진 경쾌한 성품을 축복으로 주세요.

긍정적인 태도는
긍정적인 응답을 발생케 한다.

35

배우자와 함께 교회에 나가라.

Let us not neglect our church meetings,
as some people do, but encourage and warn
each other, especially now that the day
of his coming back again is drawing near.

HEBREWS 10:25 TLB

모이기를 폐하는
어떤 사람들의 습관과 같이 하지 말고 오직 권하여
그 날이 가까움을 볼수록 더욱 그리하자.

(히 10:25)

TO KEEP YOUR LOVE ALIVE

　같은 신앙을 공유하는 신자들과 예배를 함께 드린다면 당신의 영혼이 잘 될뿐만 아니라 결혼 생활도 마찬가지로 강건하게 될 것입니다. 여기 결혼 서약을 하고 난 부부들이 교회에 참석하게 될 때 얻게 되는 유익을 몇 가지 적어보았습니다.

교회에 출석하게 되면,
- 영적인 지도와 인도를 받게 됩니다.
- 당신의 생각을 성경에서 가르치는 말씀으로 돌아보게 됩니다.
- 기독교의 가르침에 어긋날지도 모르는 삶의 부분들을 조명해 줍니다.
- 당신의 영적 감수성과 사랑의 능력을 개발시킵니다.
- 다른 사람들의 삶에 개입하고 사역하기 위한 장소를 제공합니다.
- 예배와 기도를 통해 하나님의 위엄에 당신의 주의를 집중하게 됩니다.
- 당신과 배우자가 하나님 안에서 개인적인 신앙을 개발하게 해줍니다.

영적인 식사를 나누라
함께 교회에 나가라.

101 SIMPLE SECRETS

36

가족과 친구들에게 당신의 배우자 자랑을 하라.

I can live for two months on
a good compliment.

나는 칭찬만 받고도
두 달은 살 수 있다.

TO KEEP YOUR LOVE ALIVE

   당신의 부모님은 어쩌면 당신의 배우자가 그들의 기대에 못 미친다고 생각할지 모릅니다. 당신의 친구들은 당신의 배우자가 친구들 사이를 비집고 들어왔다고 생각할 수도 있습니다. 하지만 계속해서 배우자가 사랑을 받을 충분히 가치 있는 사람이라는 사실을 부각시키다보면 결국에는 가장 고집스런 회의론자들의 평가조차 무너지게 할 것입니다.

   당신이 배우자에게서 보는 그 놀라운 많은 장점들을 드러낼 기회를 놓치지 마십시오. 진심어린 칭찬에 열중한다면, 두 가지의 보답이 있을 것입니다. 첫째는 스스로 자신이 그렇게 멋진 사람과 결혼하게 된 행운아라는 것을 확신하게 될 것이며, 둘째는 다른 사람들에게 당신의 배우자에 대한 어떤 비판도 달가와하지 않을 것이라는 것을 알리는 것입니다.

배우자의 작은 혹에 신경쓰지 말고
장점에 집중하라.

37

일 보다 배우자를 우선순위에 놓으라.

*T*here's an opportune time to do things,
a right time for everything
on the earth.

ECCLESIASTES 3:1 MSG

모든 일에는 다 때가 있다.
세상에서 일어나는 일마다
알맞은 때가 있다. (전 3:1)

TO KEEP YOUR LOVE ALIVE

 당신은 언제나 야근을 하는 편입니까? 오랜 시간을 과로한 채로 파김치가 되어 겨우 집으로 돌아와 침대에 쓰러져버리나요? 배우자와 함께 저녁을 먹으러 외식을 갈 때도 두 사람의 대화보다는 사무실에 신경이 가 있지는 않은가요? 사소하지만 또 사소하지 않은 방법으로 당신의 직업은 배우자가 있어야할 위치를 차지하고 있을지도 모르지요. 직업과 가족 간의 균형은 때로 매우 유지하기가 어려운 것이 사실입니다.

 직업은 단순히 수입을 벌어들이는 수단 이상이 되어 있을 수도 있습니다. 만약 그렇다면, 그것도 좋은 일입니다. 하지만 그 일이 가족 앞에 우선한다면, 그것은 당신의 우선순위를 다시 한번 점검해 보아야할 때입니다. 남편과 아내에게 가장 우선 되는 직업은 바로 결혼 생활이어야 합니다.

결혼 생활은 당신이 가질 수 있는,
최고로 중요한 직업이다.

38

배우자와 팔짱을 끼고 쇼핑가를 누비라.

*I*mparadis'd in one
another's arms.

천국은 서로 엉긴 팔에서도 느낄 수 있다.

TO KEEP YOUR LOVE ALIVE

여러 가정이 깨어지고 이혼이 난무하고 있는 가운데 행복한 결혼생활을 누리는 부부들이 작은 PDA(공공장소에서의 애정표현, Public Display of Affection)를 과시할 때가 온 것 같습니다. 우리는 진정한 사랑과 전적인 애정을 남들이 보는 곳에서 표현하는 부부들을 잘 보지 못합니다. 우리 세상은 결혼 안에서, 아직도 여전히, 일생 동안 유지되는 진정한 사랑이 있음을 상기시켜주는 달콤한 실례(實例)들이 필요하지요.

당신 부부는 그 예외적인 부부에 속한다는 사실에 자부심을 가지십시오. 가는 곳마다 배우자를 향해 적절한 애정의 표현을 하십시오. 당신 부부를 바라보던 사람들이 '아이구'라는 부러움의 감탄을 하더라도 너무 쑥스러워하지는 마시기 바랍니다.

지금 세상이 필요로 하는 것은 사랑,
부드러운 사랑이다.

39

당신 내면의 가장 큰 두려움을 배우자에게 알려주라.

The only thing we have to fear
is fear itself.

우리가 두려워해야 할 유일한 것은
바로 두려움 그 자체이다.

TO KEEP YOUR LOVE ALIVE

　당신이 숨겨둔 불안이 무엇이건, 그것이 근거가 없는 것이건 혹은 상당히 가능한 것이건, 당신이 먼저 취해야할 단계는 그 근심을 드러내는 것입니다. 자신의 배우자를 신뢰하여 가장 비밀스런 염려를 나누어 보십시오. 가장 내밀한 두려움을 인정하는 단순한 행위를 통해 당신을 얽어매고 있는 사슬이 부숴지기 시작합니다.

　당신의 배우자가 당신을 위로하여 모든 일이 잘 될 것이라고 말할 수 있도록 하십시오. 당신이 가진 두려움에 관해 서로의 손과 마음을 모아 기도하고 도움이 필요한 때에 하나님께서 당신을 도와주실 것을 믿으십시오. 이런 행위로 인해 당신의 배우자는 자신의 두려움도 나눌 수 있다고 격려 받을 것입니다. 그것은 두 사람을 서로 가깝게 해줄 것이며 두 사람이 두려움을 극복하고 믿음 안에서 걸으려는 시도를 할 때에 위로와 확신의 샘물이 되어줄 것입니다.

두려움을 극복하려면
먼저 그것을 드러내 보여야 한다.

40

말싸움을 피하라.
특히 타인이 있는 곳에서는 하지 말아야 한다.

 meal of bread and water in
contented peace is
better than a banquet
spiced with quarrels.

PROVERBS 17:1 MSG

마른 빵 한 조각을 먹으며 화목하게 지내는 것이,
진수성찬을 가득히 차린 집에서
다투며 사는 것보다 낫다. (잠 17:1)

TO KEEP YOUR LOVE ALIVE

 아무리 가벼운 마음으로 재미있게 말다툼을 한다고 하더라도 부부 간의 논쟁은 남들이 없는 사적인 공간에서 해야 합니다. 부부가 계속해서 서로를 공격한다면 당신 부부를 바라보는 사람들은 두 사람만 있을 때에는 서로에 대해 어떻게 대할까를 염려하기 시작할 것입니다.

 범하기 쉬운 또 다른 예는 배우자의 의견에 공공연히 반대하는 것입니다. 당신이 다른 사람들 앞에서 그렇게 한다면 그 말을 듣는 사람들은 당신의 배우자의 신뢰성을 의심하기 시작할 것입니다. 그리고 반대 의견은 잘못하면 불성실한 것으로 비쳐질 수 있을 것입니다. 배우자가 다른 사람들에게 공동의 경험을 당신이 기억하는 것과 다르게 말한다면, 당신은 입술을 깨물어 그 자리에서 바로 말하지 않도록 해야 합니다. 두 사람만 있는 시간이 올 때까지 기다리십시오. 그리고 그 때가 와도 말싸움 대신 온화함이 당신들의 토론을 지배하도록 하십시오.

의견의 불일치와 반대의견은
집에 도착할 때까지 아껴두라.

101 SIMPLE SECRETS

41

배우자의 적극적인 건강 지킴이가 되라.

All wealth is founded on health. To squander
money is foolish; to squander
helth is murder in the second degree.

모든 부는 건강에 기초한다.
돈을 낭비하는 것은 바보같은 일이지만
건강을 낭비하는 것은 이급 살인죄에 해당한다.

TO KEEP YOUR LOVE ALIVE

배우자에게 새로운 건강 습관을 가르치는 일은 어렵습니다. 어떤 이유에서인지 많은 사람들은 배우자가 사용하는 방법을 거부하는 경향이 있습니다. 하지만 그냥 무시해버리기에는 너무나 중요합니다. 올해의 크리스마스 선물로는 헬스클럽의 가족회원권은 어떨까요? 건강 검진을 할 때가 되면 배우자에게 온유하게 상기시켜주고 필요하다면 심리적인 도움을 주기 위해 같이 가는 것도 좋습니다.

만약 배우자의 체중이 조금 늘었다면 함께 식사조절을 하도록 제안하십시오. 적어도 배우자가 있는 곳에서 아이스크림이나 케이크를 먹는 일은 삼가시기 바랍니다. 잔소리나 협박을 하고픈 충동을 억제한다면 배우자가 스스로 음식을 자제하고 운동하도록 격려하는 데 보탬이 될 것입니다.

*건강이 나빠져 두 사람이 함께 할
황금기를 빼앗기지 않도록 하라.*

101 SIMPLE SECRETS

42

해결사가 되려는 충동을 자제하라.

*I*t is an honour for a man
to cease from strife:
but every fool will be meddling.

PROVERBS 20:3 KJV

다툼을 멀리 하는 것이 사람에게
영광이거늘 미련한 자마다
다툼을 일으키느니라. (잠 20:3)

TO KEEP YOUR LOVE ALIVE

    우리 사회는 모든 것이 즉석 요리처럼 즉각적인 것을 원하기 때문에 우리는 배우자의 문제를 즉시 해결하여 그 걱정을 없애주고 싶어 합니다. 그것이 바로 단 한 번에 효과 빠른 해결책을 고안해내려는 유혹입니다.

    우리 배우자들이 가장 바라는 것은 가벼운 해답이 아니라 기댈 수 있는 어깨인 경우가 종종 있습니다. 단지 들어주는 것만으로도 귀중한 도움이 된다는 사실을 상기하십시오. 사람들은 자신의 내부에 이미 정해진 정답을 가지고 있는 때가 많습니다. 그들은 단지 때로 들어주고 걱정을 해주는 누군가와 얘기하는 것이 필요한 것입니다. 필요한 것은 오로지 직관력 있는 질문으로 상대방이 스스로 명쾌하게 정리하도록 알려주는 일입니다.

가전제품은 수리 기술자가 필요하지만
당신의 배우자는 그렇지 않다.

43

일상에서의 낭만적인 탈출을 계획하라.

You will never find time for anything.
If you want time,
you must make it.

당신에게는 충분한 시간이란 영원히 없다.
만약 시간이 필요하다면, 당신은
시간을 만들어야 한다.

TO KEEP YOUR LOVE ALIVE

 한 여인이 남편에게 그 날 일을 마치고 사무실을 나설 때 읽어 보라고 쪽지를 하나 주었습니다. 그는 차에 올라타 작은 상자를 열고 다음과 같은 지시문을 읽었습니다. "사무실의 주차장을 나와 남쪽으로 삼 마일을 가서 좌회전 하세요. 그리고 4.3마일을 더 가서 우회전 하세요…" 등등. 그 의문의 목적지에 도착한 남편은 기쁘지 않을 수 없었습니다. 그 지시문을 따라간 남편이 발견한 것은 그의 아내가 낭만적인 일탈을 계획한 어느 호텔이었던 것입니다.

 만약 당신의 배우자와 함께 그런 일탈을 계획하지 않고 기다리기만 한다면 실제로 그런 시간은 절대 오지 않을 것입니다. 당신 혼자 이번 달의 일정표에 짧은 은둔을 집어넣으면 어떨까요?

*낭만은 결혼 생활의
흥분을 유지하는 불꽃이다.*

44

자주 배우자를 칭찬하라.

To say a compliment well is high art,
and few possess it.

칭찬은 고도의 기술이 필요하지만
그 기술을 소유한 자는 거의 없다.

TO KEEP YOUR LOVE ALIVE

 머뭇거리지 마세요. 당신의 입에서 배우자를 향한 찬사가 날마다 그의 귀에 들리게 하십시오. 당신의 언어는 비판보다 칭찬과 확신을 심어주는 것이어야 합니다. 배우자의 신체에서 매력적으로 보이는 장점들을 드러내 주십시오. 거기에, 당신이 정말 좋은 사람과 결혼했다고 확신하는 여러 이유들에 대해 계속해서 되새겨 주십시오.

 당신이 이미 배우자에게 대해 가지고 있을지 모르는 어떤 불안감도 옆으로 제껴놓으세요. 문 밖의 세상은 우리를 왜소하고 자신감을 잃게 만드는 곳입니다. 가정이야말로 거친 사회 생활의 안식처가 되어야 합니다. 당신의 눈은 세상이 결코 알아차리지 못하는 놀라운 것들을 보고 있다는 것을 배우자가 알게 해 주십시오.

> 자신이 제일 열광적인
> 배우자의 팬임을 선언하라.

101 SIMPLE SECRETS

45

당신의 배우자가 당신의 필요를
모두 만족시킬 것이라고 기대하지 말라.

y God shall supply all your need
according to his riches
in glory by Christ Jesus.

PHILIPPIANS 4:19 KJV

나의 하나님께서 자기의 풍성하심을 따라
그리스도 예수 안에 있는 영광으로
여러분에게 필요한 것을 모두
채워 주실 것입니다. (빌 4:19)

TO KEEP YOUR LOVE ALIVE

좋은 결혼 생활은 서로를 의지하고 서로의 필요를 채워주기 위해 상호간의 노력을 요구합니다. 하지만 가장 헌신적인 부부라 하더라도 모든 필요를 완벽하게 만족시킬 수는 없는 일입니다.

당신의 주변을 함부로 늘어지지 않을 관계의 안전망을 구축하세요. 가까운 친구나 확대 가족들은 정서적으로 건강하게 만들어줍니다. 당신의 배우자가 모든 정서적이고 신체적이고 영적인 필요를 홀로 채워나가게 만든다면 아무리 굳건한 관계를 형성하고 있는 부부라 하여도 그 관계에 금이 가게 됩니다. 적어도 배우자가 얼마 동안 집을 비우더라도 가정에서 생존할 수 있는 기본 지식은 습득해 두십시오. 그리고 당신의 가장 깊은 영혼의 갈망은 어떤 인간이 채워줄 수 있는 것이 아니라 하나님만을 의지하여야 함을 기억하십시오.

인간이 당신의 모든 필요를 만족시킬 수는
없으나 하나님만은 하실 수 있다.
그리고 그분은 그 일에 능숙하시다.

46

당신의 배우자가 즐겨하는 활동에 참가하라.

*Each of you should look not only
to your own interests, but
also to the interests of others.*

PHILIPPIANS 2:4

또한 여러분은 자기 일만 돌보지 말고,
서로 다른 사람들의 일도
돌보아 주십시오. (빌 2:4)

TO KEEP YOUR LOVE ALIVE

 만약 진정 당신이 결혼 생활에 투자하고 싶다면 배우자의 외부 활동을 함께 하겠다고 제안하고, 또 하게 되면 기쁘게 하십시오. 어떤 요구도 덧붙이지 마세요. 반대급부의 약속은 받지 마세요. 그것이 경기장에 가서 함성을 같이 지른다거나 십자수 상점에 가서 몇 시간을 같이 있는 것이거나, 그런 제안은 오로지 사랑으로 할 것이며 '어떤 조건도 없는' 것이어야 합니다.

 한쪽에서 발을 구르며 서 있거나 참을성 없이 시계를 자꾸 쳐다보는 일 따위는 하지 마십시오. 당신의 배우자가 그 활동에서 무엇을 즐기는지 이해하려는 노력을 해보십시오. 그 날을 축하하기 위해 특별한 선물을 구입하세요. 아마 그 날 집으로 돌아오는 길에 당신도 배우자만큼이나 함께 즐거웠다는 것을 알게 될 것입니다.

**다른 사람을 행복하게 만드는데
들인 시간은 낭비가 아니다.**

결혼 생활이 가장 중요한
인간 관계라는 것을 기억하라.

Grow old along with me!
The best is yet to be,
The last of life, for which the first was made.
Our times are in his hand.

나와 함께 늙어갑시다!
최선의 시간은 아직 오지 않았으나
인생의 첫부분은 인생의 마지막을 위해 지어진 것.
우리의 때는 하나님의 손에 달려있네.

TO KEEP YOUR LOVE ALIVE

 부모들은 종종 자신의 모든 에너지와 관심을 자녀들에게 쏟아부으려는 유혹에 굴복하고 맙니다. 그래서 자녀들이 마침내 집을 떠나는 날이 오면 엄마와 아빠는 서로 공동의 관심사를 잃어버리고 멀뚱멀뚱 서로의 얼굴만 쳐다보게 되지요.

 부모와 자녀의 관계가 부부 관계를 대체하지 않도록 주의하십시오. 자녀가 이미 떠났다 할지라도 두 사람의 공동의 관심거리가 유지되도록 하십시오. 자녀에 관한 화제를 떠나서 적어도 일주일에 한 번은 30분 간 대화를 가지세요. 자녀들이 자신의 인생을 찾아 떠난 후에도 오랫동안 함께 즐길 수 있는 활동에 정기적으로 참가하도록 하십시오.

자녀들이 떠난 둥지에도
부부에게는 서로가 남아 있다.

48

웃음을 존중하라.

good laugh is sunshine
in a house.

호탕한 웃음은
집안을 비추는 햇살이다.

TO KEEP YOUR LOVE ALIVE

 웃다가 죽는 사람은 거의 없지만, 심장 발작과 스트로크와 같이 스트레스에 관련된 질병에 항복하는 사람들은 많습니다. 건강한 유머는 당신의 전반적인 건강과 안녕, 그리고 결혼 생활에 상당한 공헌을 할 수 있지요.

 웃음이 놀랄만큼 의학적으로 그리고 치료에 중요한 도움이 된다는 사실은 우리가 이미 상식으로 알고 있던 바이지만 과학적으로도 밝혀지고 있습니다. 웃음은 생기를 돋게 하며 긴장을 완화시킵니다. 오늘 당신이 어떤 어려움을 가지고 있든지 유머를 찾아서 배우자와 함께 건강한 미소를 나누십시오.

함께 웃는 것보다
더 즐겁고 기억할 만한 것은 별로 없다.

49

두 사람만의 생활은 둘 만의 것으로 남겨두라.

ow it is required that those
who have been given
a trust must prove faithful.

1 CORINTHIANS 4:2

관리인에게 무엇보다도 요구되는 것은
주인에 대한 충성입니다. (고전 4:2)

TO KEEP YOUR LOVE ALIVE

    신뢰는 깨어지기 쉬운 것입니다. 얻기는 어려우나 잃기는 쉬운 그런 종류이지요. 개인적인 치부, 불안감 그리고 당신과 배우자가 결혼생활에서 나누는 내밀한 생각들은 신성한 신뢰로 지켜져야 합니다. 은밀한 대화의 시간에 남편과 아내가 밝힌 비밀은 무슨 일이 있어도 지켜야만 합니다.

    당신에게는 배우자의 영혼을 송두리째 파멸시켜 버릴만한 능력이 있습니다. 단 한 줄의 사생활 폭로로 인해 당신에 대한 배우자의 신뢰를 약화시킬 것입니다. 이런 정보일랑은 탱크와 같은 철통의 방비로 지켜내십시오. 그리고 말을 하기 전에 이렇게 자문해 보십시오. 내 배우자가 이런 얘기를 세상에 알리는 것을 좋아할까? 이 이야기를 만약 내 아내(남편)를 옆에 두고도 타인에게 할 수 있을까?

남편과 아내 사이의 비밀은 신성한 것이다.

50

자신의 외모에 신경을 쓰라.

Personal appearance is
looking the best
you can for the money.

외모는 당신이 돈으로 살 수 있는
최선의 것이다.

TO KEEP YOUR LOVE ALIVE

　결혼 하기 전에는 스스로가 미래의 배우자감에게 최선으로 보이고 싶은 마음에 모든 가능성을 시험해 보느라고 큰 공을 들이곤 합니다. 거울 앞에서 머리를 빗고 또 빗어 마음에 들 때까지 빗질을 하지요. 입냄새 제거제도 수시로 사용하고 액취 제거제며 샤워한 후에 향수까지 아끼지 않습니다. 그런데 데이트를 하던 시절이 지나고 나면 종종 이런 노력들이 무시되지요.

　당신의 배우자를 '붙잡기' 위해 쏟은 그 에너지는 유효기간이 아직 만료되지 않았습니다. 스스로를 아름답게 보이기 위해 조금의 불편을 감수하십시오. 면도를 하고 새로 화장을 하십시오. 자신을 밖으로 내보이기에, 그리고 처음 사랑에 빠졌을 때의 당신처럼 매력적인 사람으로 남아 있기에 최선을 다하세요.

자신을 최고로 아름답게 보임으로써
당신의 배우자를 존중하라.

51

당신의 배우자가 생계를 위해 하는 일을 이해하라.

very man's affairs,
however little,
are important to himself.

모든 남자들의 일은,
그것이 아무리 사소하더라도
그 자신에게는 중요하다.

TO KEEP YOUR LOVE ALIVE

 당신과 당신의 배우자가 서로 다른 생활을 하고 있을 확률이 많이 있을 것입니다. 한 사람은 가정에서 살림살이를 돌보며 한 사람은 직장 생활을 하느라 떨어져 있겠지요. 아침에 일단 당신이 안녕이라고 말을 하고 나면, 아무리 당신 중 한 사람이 집안에 머문다 하더라도, 두 사람은 서로 다른 세상을 향해 떠나는 것입니다. 각자는 저녁에 집에 돌아왔을 때의 기분과 태도에 영향을 미치는 사람들을 만나고 책무를 다합니다.

 온전히 건강한 결혼 관계를 위해서 당신이 직장에서 부딪히는 매일의 도전들에 관해 나누고 대화하는 시간을 가지십시오. 때로는 서로의 직장을 방문하여 배우자의 동료들과 기꺼운 만남을 가지세요. 당신이 떨어져 살고 있는 다른 세상을 알고 이해하려고 노력하십시오.

당신의 직장 생활은
너무 중요해서 나누지 않을 수 없다.

52

점수 매기기를 거부하라.

[*L*ove] will hardly even
notice when
others do it wrong.

1 Corinthians 13:5 TLB

사랑은 무례하지 않으며

(고전 13:5)

TO KEEP YOUR LOVE ALIVE

 당신이 결혼한지 50년이 지났거나 다섯 달이 지났거나 당신과 당신의 배우자는 공동의 역사를 가지고 있는 것입니다. 그리고 의심의 여지 없이 그 역사 어느 부분에서는 배우자의 편에서 보면 무례한 일들이 슬쩍 끼어듭니다. 아마 화가 치밀었을 때에 그런 날카로운 말을 했거나 상대의 사랑이 그 어느 때보다 필요했을 때에 기대에 미치지 못한 행동을 했을 것입니다.

 부부들은 처음 부부싸움을 시작할 때에 과거의 쌓인 감정을 무기로 삼아 휘두를 때가 자주 있습니다. 그런 전략은 그 전투판에 기름을 붓는 행위일 뿐 아니라 평화를 유지하려는 노력에도 결코 도움이 되지 않습니다. 그러므로 다음번의 갈등 상황에서는 배우자와 합의를 하세요. 서로 그날의 투쟁거리에 과거의 문제를 끼워넣지 않겠다고 말이지요. 부부가 어쩔 수 없이 충돌한 시간에도 현재 시제로만 말해야 하는 것을 잊지 마십시오.

'기억해야할 과거의 오류'란 목록은
유지할 필요가 없다.

53

배우자의 의견을 귀히 여기라.

We are of different opinions at
different hours, but we
always may be said to be at
heart on the side of truth.

우리는 같은 문제에 대해서 다른 시각에서
보고 말한다. 그것은 진실이라는 측면에서 보면
솔직하다는 평가를 받을 수 있다.

TO KEEP YOUR LOVE ALIVE

지혜의 도움말을 구하고자 할 때 당신은 누구를 찾나요? 목사님? 심리학자? 어느 곳을 택해도 좋으므로 어느 쪽도 포기하지 마십시오. 하지만 현자를 찾아 나서기 전에 먼저 배우자의 의견을 구하십시오.

부부는 손을 뻗으면 언제든지 닿을 수 있는 곳에 있기에 배우자의 의견에 대해서는 그다지 무게있게 받아들이지 못할 때가 많습니다. 멀리있는 산만 이리저리 헤집어볼 뿐, 정작 내 눈앞에 펼쳐진 호수에서 일렁이는 풍경을 보며 함께 머리를 맞댈 수 있는 사람이 바로 옆에 있다는 사실을 지나칠 때가 한두 번인지요. 안타까운 일입니다. 배우자야말로 우리의 행복과 성공을 함께 하는 바로 그 사람입니다. 그런 중요한 정보원을 무시해 버리는 어리석음은 이제까지로 족합니다. 배우자의 의견에 높은 가치를 두십시오.

**당신이 받을 수 있는 최선의 상담은
배우자에게서 온다.**

54

두 사람이 함께 한 추억을 담아두는 일기를 쓰라.

*God gave us our memories
so that we might
have roses in December.*

하나님은 우리에게 기억을 주셨기에
우리는 12월에도 장미를 볼 수 있다.

TO KEEP YOUR LOVE ALIVE

 어떤 순간들은 영원히 간직되어야 할 것입니다. 하지만 시간이 가면서 우리의 기억은 흐려지고 없어집니다. 되돌아 보십시오. 당신의 배우자가 첫 데이트에서 어떻게 행동했었는지 아직도 생생하게 기억하고 있나요? 두 사람이 결혼식 전날 밤 단 둘이 나누던 그 은밀하고 달콤한 말들이 생각나는지요?

 지금으로부터 수년 아니 좀더 긴 세월을 누리는 행운을 지녔다면 어느날인가 꼬질거리는, 손때 묻고 누렇게 변한 일기장을 더듬어 보는 날이 올 것입니다. 그 안에는 특별한 사건의 때가 있던 추억이 현실로 나타나 있습니다. 마치 타임머신을 탄 듯 과거의 날들 속으로 우리는 안착하게 됩니다. 게다가 현실이 어려울 때면 행복했던 추억이 다시 한번 성공을 위해 '아자' 하고 소리를 지르는 힘을 내게 줄 것입니다. 기억들이 평생 지속되도록 하십시오. 그것들을 일기로 남겨 놓으십시오.

**결혼 생활의 추억할 만한 순간들을
기록으로 남기라.**

101 SIMPLE SECRETS

배우자를 조건없이 받아들이라.

Accept one another, then, just as
Christ accepted you,
in order to bring praise to God.

ROMANS 15:7

이러므로 그리스도께서 우리를 받아
하나님께 영광을 돌리심과 같이
너희도 서로 받으라. (롬 15:7)

TO KEEP YOUR LOVE ALIVE

　많은 사람들은 자신의 전 인생을 다른 사람의 인정을 받는 일에 소비합니다. 부모로부터 거절받은 경험으로 인해 그들은 계속해서 그것을 채우려 하고 그와 유사한 대용품을 찾는데 막대한 시간을 들입니다. 결혼 생활은 당신의 배우자가 무조건적인 사랑에 대한 기대를 하는 곳입니다.

　당신이 배우자를 자신의 완벽한 이상형으로 만들려고 발버둥치고 있다는 사실을 느끼게 해서는 안됩니다. 비교는 금물입니다. 배우자를 조종하거나 요구 없이 받아들이십시오. 그 사람은 당신의 요구에 의해 만들어진 피사체가 아니라 하나님의 능한 손으로 만든 작품임을 기억하십시오.

진정한 사랑은
타인을 있는 그대로 받아들인다.

56

배우자가 하는 작은 일에 감사하라.

It has long been an axiom of mine
that the little things are
infinitely the most important.

작은 일이 가장 중요하다는 말이
내 금언이 된지 오래다.

TO KEEP YOUR LOVE ALIVE

두 사람이 오랜 기간을 함께 살다보면 서로 당연히 여기기 시작합니다. 마음을 주고 받았던 친절한 언행들도 나중에는 당연한 것으로 여깁니다. 그나마 시간이 흘러 평범한 그 일조차 미루고 소홀히 할 때 마음 저변에서 모락모락 올라오는 분개를 지긋이 눌러 없애는데 시간을 쓰게 되는 것입니다.

감사의 태도를 실천하는 것은 당신의 배우자가 당신과 가족을 위해 돌보는 작은 일에도 신선한 감격을 느끼게 하는 좋은 방법입니다. '고마워'라는 말은 당신을 위한 노력에 답한 자그마한 박수와 같은 것입니다. 감사는 결혼의 행복을 증가시키는 가장 커다란 격려입니다.

작은 감사의 말이 먼 길을 간다.

101 SIMPLE SECRETS

57

배우자와 함께 큰 꿈을 꾸라.

"*No* eye has, no ear has heard,
no mind has conceived
what God has prepared
for those who love him."

1 CORINTHIANS 2:9

눈으로 보지 못하고 귀로 듣지 못한 것들,
사람의 마음에 떠오르지 않은 것들을,
하나님께서는 자기를 사랑하는 사람들에게
마련해 주셨다. (고전 2:9)

TO KEEP YOUR LOVE ALIVE

　미래의 가능성에 대한 꿈은 절망을 예방하는 약입니다. 꿈은 우리의 현재 상황이 아무리 절망적이라도 밝은 미래가 여전히 존재할 것이라는 가능성을 기억하도록 해줍니다. 꿈은 우리의 정신을 더욱 활기있게 하고 밑으로 떨구어진 고개가 위를 바라보도록 합니다.

　달에 화살을 쏘듯이 당신이 원하는 삶의 방향으로 꿈을 꾸십시오. 배우자와 함께 미래의 목적지로 가득한 우주를 탐험하십시오. 그리고 언젠가 당신의 그 꿈들이 이루어지기를 기대하는 마음으로 오늘을 사십시오. 결과에 놀라게 될 것입니다. 공유된 꿈은 낙관적인 마음을 가지려 하고, 기회의 포착과 함께 가장 중요한 것은 그 충족감도 공유하게 할 것이라는 점입니다.

두 사람이 꾸는 꿈은 한 사람의 꿈 보다
더 크게 이루어진다.

58

자신에게 웃는 법을 배우라.

e who has learned to laugh at
himself shall never
cease to be entertained.

자신에게 웃을 줄 아는 사람은
결코 지루한 법이 없다.

TO KEEP YOUR LOVE ALIVE

　급하게 서둘다 헤어 스프레이를 몸에 뿌리거나 거꾸로 향수를 머리에 뿌려 버리는 등의 작은 실수를 저지르게 된 경험이 있을 것입니다. 자신의 그런 실수에 당황하여 찡그리기 보다는 그 대책없는 실수를 유머로 삼아보십시오. 늘 반듯한 틀속에 있어야 만족할 수 있었던 자신을 잠시 풀어놓고 화들짝 웃음을 터뜨려보세요.

　스스로를 웃어 넘길 수 있는 사람은 결혼 상대자로서도 적합합니다. 그런 사람들은 좀더 유연하고 남을 참아주며 어디에서든 잘 적응하는 경향이 있습니다. 자신을 향해 웃을 수 있는 사람은 자아를 점검하여 현실에 발을 딛게 합니다. 스스로를 웃어넘기는 법을 배우지 못했다면 지금이라도 늦지 않았습니다. 견고한 결혼 생활이 바로 여기에 달려 있으니까요.

> 거울 속에 보이는 그 사람이 바로
> 당신이 우스개로 삼을 수 있는
> 자료가 될 수 있다.

101 SIMPLE SECRETS

59

시계를 벗어 던지라.

Hour by hour I place my days
in your hand.

PSALM 31:15 MSG

나의 앞날을 당신의 손에 맡기오니

(시 31:15)

TO KEEP YOUR LOVE ALIVE

　마음이 급하다구요? 시계를 쳐다 보고 있는 것은 실제로는 시간 낭비일 뿐 아니라 걱정을 키우기만 합니다. 때로는 시간을 무시할 수 없을 때도 있지만, 이번 주말에는 손목에 찬 시계를 보는 대신 내 안에서 속삭이는 시간에 귀를 기울여 보십시오. 배가 고프면 먹고, 피곤하면 잠을 자고, 힘이 날 때 일하거나 노는 것이죠. 그것으로 당신 자신만의 일상 리듬을 알게 될 것이며, 그 리듬을 정기적인 스케줄에 적용하는 것입니다. 그렇게 되면 당신은 훨씬 적은 시간에 더 많은 일을 할 수 있게 될 것입니다. 스트레스가 줄어들면 사랑하는 사람들에게도 훨씬 편안한 사람이 될 수 있습니다.

　그렇게 여유를 되찾아, 집중이 잘 되는 시간을 이용하여 가장 힘든 프로젝트를 계획하고, 조직하며, 도전하십시오. 오후에 슬럼프가 있다면 그 때에는 전화 걸기와 같은 뇌의 사용이 많이 필요치 않은 일을 처리하도록 하면 될 것입니다. 그리고 자신의 신체가 '잘 시간이야' 라고 말을 걸어온다면, 그 말을 들으세요! 당신을 도와주는 말일 뿐 아니라 당신의 사랑이 살아있게 도와줄 것입니다.

> 자신이 무엇에 반응하는지를 안다면
> 당신의 인생에서 다른 영역들도
> 반응하게 하는데 도움이 될 것이다.

101 SIMPLE SECRETS

60

중요한 기념일을 기억하라.

I've a grand memory
for forgetting.

나는 망각이라는
대단한 능력을 가지고 있다.

TO KEEP YOUR LOVE ALIVE

　당신은 발렌타인데이, 생일 그리고 기념일과 같이 붉은 색으로 적어 놓은 날짜들은 그냥 무심코 지나치지는 않을 것입니다. 하지만 자주 그런 일들이 발생한다면 그것은 건망증이라기 보다는 부주의나 무신경의 결과일 경우가 더 많습니다.

　남이 알려주지 않아도 그런 날들은 기억해 두는 것이 배우자에게 큰 기쁨을 줄 것입니다. 왜냐구요? 그것은 당신이 두 사람의 관계에 가치를 두고 있다는 표시이기 때문입니다. 그것은 당신의 사랑을 확증하며, 결혼 생활을 사랑에 기반하여 신선하게 유지하겠다는 당신의 약속을 강조합니다. 그런 특별한 기회를 그저 기억해야할 날로만 취급하지 마십시오. 그 날들로 당신의 결혼을 축하하고 사랑이 펄펄 넘치는 기회로 삼으십시오.

결혼 생활의 중요 이정표들을 기억하라.

101 SIMPLE SECRETS

61

공정한 싸움을 하라.

ot tempers start fights;
a calm, cool spirit
keeps the peace,

PROVERBS 15:18 MSG

화를 쉽게 내는 사람은 다툼을 일으키지만,
성을 더디 내는 사람은
싸움을 그치게 한다. (잠 15:18)

TO KEEP YOUR LOVE ALIVE

의견의 불일치는 어떤 결혼 생활에도 불가피한 일입니다. 서로 지극히 사랑하는 부부에게도 싸움은 있게 마련입니다. 평화로울 때에 계약을 맺어 항상 그 원칙에 따라 의견의 조정이 이루어지도록 하십시오. 쌍방이 서로 합의한 규칙의 목록은 이런 식으로 만들 수 있습니다:

- 누구나 어떤 방식이든 폭력에 의지하거나 위협하지 않는다.
- 누구나 자신의 어머니에게로 가지 않는다.
- 누구나 소파에서 자지 않는다.
- 어느 쪽이나 감정의 조절을 위해 짧은 냉각기를 요구할 수 있지만, 그 기간은 며칠이나 몇 주가 아닌 단지 시간 단위여야 한다.

당신의 목록은 두 사람만의 독창적인 것이 될 것이지만 일단 그 목록을 만들고 나면 공정하게 규칙에 맞춰 행동해야 합니다.

부부간의 규칙을 지키는 사람에게
성공적인 결혼 생활이 약속된다.

101 SIMPLE SECRETS

62

당신이 사랑하는 배우자의 장점을 적어 보라.

How ow do I love thee?
Let me count the ways.

그대를 어떻게 사랑하느냐구요?
그 방법을 세어보겠어요.

TO KEEP YOUR LOVE ALIVE

 당신도 어차피 현실은 현실 그대로 받아들일 것입니다. 아침에 부스스한 얼굴로 침대에서 겨우 일어나 눈꼽을 떼고 있는 모습을 보면서도 매력을 찾기위해 안간힘을 쏟을 필요는 없을 것입니다. 당신에게 필요한 것은 처음에 당신이 그 사람을 얼마나 매력적으로 보았던가를 이따금 기억해 내는 것입니다.

 신혼 초 상대방에 대한 외경심에 가까운 맹목적 관심이 사라지고 흥분이 일상 생활에 녹아버릴 때를 대비하십시오. 당신이 지금의 배우자와 사랑에 빠졌던 이유들을 적어두세요. 정기적으로 그 목록을 추가하고 그 동안 얻었던 결혼 생활에 관한 통찰력을 자유롭게 나누어 보십시오. 아마 당신의 배우자는 당신이 가장 좋아하는 자신의 장점을 지키려는 노력으로 당신에게 보답할 것입니다.

당신의 언어를 사랑을 회복시키는데 사용하라.

63

자신의 주변을 정리하라.

What separates two people most
profoundly is a different
sense and degree of cleanliness.

두 사람 사이를 벌려놓는 가장 넓은 간격은
정결에 대한 감각과 정도의 차이이다.

TO KEEP YOUR LOVE ALIVE

 어제 입었던 옷들이 러닝머신 위에 그대로 걸쳐져 있지는 않나요? 개봉하지 못한 우편물이 서랍에 가득 싸여 있어서 피자 무료 쿠폰의 기간이 지나가 버리지 않았나요?

 자주 필요한 물품들은 적절하게 정돈되어 있지 않으면 현관문을 나서기 전에 정신없이 그 물건을 찾기 위해 여기저기 손길을 배회해야 하는 경우를 수도 없이 만나게 될 것입니다. 더 나쁜 경우는 당신의 배우자가 당신의 뒤를 쫓아다니면서 당신이 흘린 물건들을 주워야 되는 것입니다. 그렇게 되면 당신의 시간이 본인의 시간보다 본질적으로 더 가치있다는 느낌을 가지게 될 것입니다. 자신의 물건을 잘 정리하다보면 쓸데없이 배우자를 패배감으로 몰아가지 않고, 당신에게는 하루에 유용한 시간이 더 주어질 것이며, 더 유쾌한 배우자를 얻게 될 것입니다.

사용할 물건이라면, 제자리에 두라.

64

배우자에게 필요한 휴식시간을 지켜주라.

"Come to me and I will give you rest—
all of you who work so hard
beneath a heavy yoke."

MATTHEW 11:28 TLB

수고하고 무거운 짐 진 자들아
다 내게로 오라
내가 너희를 쉬게 하리라. (마 11:28)

TO KEEP YOUR LOVE ALIVE

 때맞춘 낮잠은 보물과 같습니다. 만약 정원 가꾸기와 집안일이 잠을 방해하지 않으면 아이들이나 전화가 방해할 것입니다. 우리는 하루에 너무 많은 종류의 일들로 꽉 채우고 있기 때문에 긴장을 풀고 있을 시간을 찾기가 어렵습니다. 어른이 되어도 적절한 휴식은 필요한 법입니다.

 배우자의 눈에서 진정한 감사의 뜻을 찾고 싶다면 두 사람이 함께 하는 낮잠을 제안해 보십시오. 주말의 매 시간을 허드렛일과 장보기 등으로 꽉 채우려는 충동을 자제하십시오. 함께 낮잠을 잘 형편이 못 된다면 다른 일들을 돌봐 주면서 배우자가 한, 두 시간 정도는 몸의 열을 식힐 수 있도록 도와주십시오. 당신이 가볍게 베푼 친절 몇 가지가 가족의 모든 구성원들에게 얼마나 여러 가지로 도움이 되는지 놀랄 것입니다.

충분히 휴식을 취한 눈에는
세상이 훨씬 밝아 보인다.

65

당신의 배우자가
의심이란 도구를 활용하도록 허락하라.

At the gate which suspicion enters,
love goes out.

의구심이 들어오는 문으로
사랑이 빠져나간다.

TO KEEP YOUR LOVE ALIVE

 성급한 결론은 빠져나오기 힘든 질척거리는 진창 가운데로 빠지게 할 수 있습니다. 비난 그리고 상대의 충실성에 대한 의구심은 점진적으로 의심, 분열로 나아가게 되고 급기야 의사소통의 단절이라는 비극적 사태로 몰고 갈 것입니다.

 원인이 없는 불신은 당신 자신의 불안정과 질투심을 드러내기도 합니다. 하지만 그런 감정이 배우자에 대한 확신에 근거도 없이 흠집을 내는 것이라면 당신은 어떻게 하시겠습니까? 마치 뱀의 혀처럼 날름거리는 의심의 속삭임이 들려 온다면 혼자 싸매고 드러 누우려는 충동을 억제하고 즉시 그것들을 배우자와 의논하십시오. 당신의 불편한 감정을 어떻게 다루는 것이 좋은지 남편이나 아내의 의견을 구하십시오. 불안을 고백하면서 당신의 신뢰감을 강화하십시오. 대화를 할 때에는 '내가'에 집중하세요. '당신이'라고 소리지르며 손가락질 하던 손을 거두어 공평하게 책임을 나누십시오.

서로에 대한 신뢰가
행복한 결혼 생활의 기초를 이룬다.

66

신나게 노래 부르며 운전하라.

Music hath charms to soothe the
savage beast.

음악은 야수의 야만성을 누그러뜨리는
마력을 가지고 있다.

TO KEEP YOUR LOVE ALIVE

  출퇴근 길의 교통혼잡에 꽉 막혀 있다구요? 끝도 없이 늘어진 차량 행렬의 끝에서 잔뜩 약이 올라 있습니까? 매주 같은 심부름을 하고 있습니까? 얼마나 오랜 시간을 운전 했는지를 다른 사람에게 말하여 당신의 그 좌절감을 해소하거나 집에서 배우자에게 화풀이하려고 하는 대신, 음성이라는 악기를 조율하는 시간을 삼으십시오. 좋아하는 라디오 방송국에 주파수를 맞추거나 피를 솟구치게 하는 음악 테이프나 CD를 넣으시고, 노래를 따라 부르세요. 흥얼흥얼, 중얼중얼. 또는 허밍으로. 두손에 잡은 핸들로 드럼을 치듯 해보십시오.

  다른 운전자들이 어떻게 생각할까 따위의 염려는 붙들어 매세요. 그들은 당신 덕분에 미소를 지을 것입니다. 그리고 언제 왔는지 모르게, 입가에는 미소를 머금은 채 목적지에 도착해 있을 것입니다.

비록 당신이
음을 따라가지 못하더라도 걱정말라.
그 음이 당신을 따라갈 것이다.

67

사람들은 서로 사랑을 표현 방법이
다르다는 것을 인식하라.

he heart has its reasons
which reason
knows nothing of.

사람의 마음속에는
인간의 이성과는 다른 그것만의
독특한 이성이 있다.

TO KEEP YOUR LOVE ALIVE

　손으로 투박하게 만든 파이라도 그것이 아내의 가장 깊은 사랑의 표현인 것처럼 남편은 그의 사랑을 선물이나 감사의 말로 구두로 표현할 수 있을 것입니다. 사랑을 보여주는 당신의 방법이 배우자의 방법과 크게 다르다면, 그 사람이 어린 시절에 어떤 문화 속에서 자라났는가를 체크해 보세요. 배우자의 부모님이 가정안에서 사랑을 어떻게 표현했을까요? 공개적으로 애정을 표현하는 편이었는지 혹은 좀더 소극적인 방법으로 사랑을 표현했는지요?

　사랑을 표현하는 방법은 우리의 개성이 다른 것 만큼이나 서로 다릅니다. 성장한 배경이 자신의 마음의 감정을 전달하는 능력에 영향을 주게 되지요. 배우자의 사랑에 대해 불안감이 들기 시작했나요? 그렇다면 그 사람이 단지 당신에게는 좀 익숙지 않은 방법으로 자신의 감정을 표현하고 있을 뿐이라고 생각해보십시오.

서로 다른 사랑의 표현을 이해한다면
그에 대한 감사가 커질 것이다.

101 SIMPLE SECRETS

68

집안일을 나누어 자신이 할 몫보다
좀더 하도록 하라.

Two can accomplish more than
twice as much as one.

ECCLESIASTES 4:9 TLB

두 사람이 한 사람보다 나음은
그들이 수고함으로
좋은 상을 얻을 것임이라. (전 4:9)

TO KEEP YOUR LOVE ALIVE

생활은 더러움을 닦아내는 끝없는 작업입니다. 가정의 경영은 그 규모가 크던 작던, 허드렛일들이라는 숙제를 매일매일 마쳐야 하게끔 되어 있습니다. 함께 앉아서 서로가 해야할 일들을 그려 보십시오. 어떤 부부들은 외부에서 할 모든 잔일은 한 사람에게 배정하고 다른 사람은 집안의 네 벽안에서 일어나는 모든 일을 담당하기로 합니다. 어떤 부부의 경우는 안팎의 구분 없이 일을 나누는 것을 선호합니다. 당신 부부에게 가장 적합한 것으로 결정하십시오.

배우자가 어떤 일을 마치지 못하고 남겨둔 것에 대해 불만을 가지지 마시기 바랍니다. 그 일을 즐겁게 하면서 큰 소란을 피우지 않는 것이 좋습니다. 적절한 마음과 태도 그리고 다른 사람을 사랑으로 섬기는 마음을 유지하기 위해 의식적인 노력을 하십시오.

집안일을 나누는 행위는
사랑을 표현하는 방법이다.

101 SIMPLE SECRETS

69

매일의 순간을 감사하라.

herish all your happy moments;
they make a fine cushion
for old age.

당신의 모든 행복한 순간들을 감사하라.
그것늘이 노년기에 푹신한 구션이 되어줄 것이다.

TO KEEP YOUR LOVE ALIVE

우리는 휴가와 휴일을 표시하고 특별한 행사가 있는 날은 달력에 동그라미 혹은 별표를 그려넣고 손꼽아 기다립니다. 지상에서의 순간, 순간을 만끽해야할 순간을 말이지요. 그렇지만 인생의 많은 부분을 휴일과 특별한 사건으로만 채울 수는 없다는 사실도 알고 있습니다. 우리는 인생의 대부분을 날마다 여기 그리고 지금, 이 평범한 일상을 살고 있습니다.

오랜 결혼 생활이 계속되는 동안 특별한 사건이 많이 생깁니다. 하지만 무엇보다 우리의 인생에서 배우자와 함께 채우는 것은 평범한 일상입니다. 배우자의 미소를 알아차리고 당신 두 사람을 함께 묶어 주신 하나님께 감사하기 위해 특별한 날을 기다리지 마십시오. 매 순간을 즐기십시오.

**순간 순간을 배우자와 함께 느끼라.
그것이 당신에게 주신 하나님의 선물이다.**

70

돈을 현명하게 사용하라.

eware of the little expenses,
A small leak will
sink a great ship.

작은 소비를 조심하라.
조그만 구녕이
큰 배를 가라앉게 만든다.

TO KEEP YOUR LOVE ALIVE

재테크 관련 도서는 주변에 널려 있습니다. 하지만 숫자에 관한 책임에 대해 가장 좋은 충고는 다음의 몇 가지로 요약될 것입니다.

- 지출이 수입을 넘지 않도록 하라.
- 수입의 10퍼센트는 저축하거나 투자하라.
- 신용 구매에 기대기 전에 그 물건의 부채를 갚는 기간 이상 수명이 지속될 것인가를 자문하라.
- 단순하게 살라. 필요한 것의 규모를 줄이라.
- 재정 문제에 있어 하나님을 우선하라. 지역 교회에 십일조를 드리라.
- 예산을 너무 촉급하게 하여 도움이 필요한 사람을 지원하는 일에 인색하지 않게 하라.
- 물질에 매이지 않는 삶을 살라. 대신, 지상의 부를 초월하는 것에 자신의 인생을 투자하라.

**돈을 자제력 있게 관리하면
결혼 생활이 건강해진다.**

71

배우자의 동료를 친절히 대하라.

*Do your part to live in peace
with everyone,
as much as possible.*

Romans 12:18 TLB

여러분 쪽에서 할 수 있는 대로
모든 사람과 더불어
화평하게 지내십시오. (롬 12:18)

TO KEEP YOUR LOVE ALIVE

　당신은 배우자와 함께 일하는 동료, 혹은 상사가 얼마나 끔찍하게 재수없는 사람인지 알고 있습니까? 배우자를 좌절에 빠트리고 하루 일과를 마감하도록 마음을 불편하게 만드는 사람이 누구인지 아십니까? 배우자의 직장 동료들을 대면해 보지는 않았어도 당신은 배우자의 직장 생활에서도 중요한 역할을 해 낼 수 있습니다.

　쉽게 판단하거나 비판하지 마십시오. 배우자가 자신과 함께 일하는 사람들의 긍정적인 특성을 표현하도록 격려하십시오. 다리를 놓고 울타리를 고치는 방법을 제안해 보십시오. 배우자의 상황에 공감을 표현하는 일은 중요합니다. 하지만 배우자의 동료에 대해 공격하려는 충동을 억제치 못하면 상한 감정을 더 강화시킬 뿐입니다. 서로에게 옳은 일을 권고하는 습관을 키우면 당신의 삶은 더 행복해질 것이며 부부 관계는 더 견고해질 것입니다.

서로에게 사랑과 선한 일의
모범이 되도록 하라.

특별한 선물을 하라.
쉬운 말 한 마디의 사랑을. "사랑해요."

*L*et him that desires to see others happy
make haste to give while his gift
can be enjoyed, and remember that every
moment of delay takes away something form
the value of his benefaction.

타인의 행복을 원하는 사람에게는 그의 재능이 향유될
동안 그것을 사용하도록 북돋우고 격려할 것이며,
그것이 지체되는 순간은 바로 그 선행의 가치를
깎아내리는 것이라는 것을 기억하게 하라.

TO KEEP YOUR LOVE ALIVE

 배우자를 위해 아기자기한 선물을 사겠다면 이런 점을 주의를 하십시오. 선물이 반드시 고급품이거나 시간이 걸리는 프로젝트가 되어야 할 필요는 없습니다. 사랑하는 사람이 미소를 짓게 만들 그런 것들을 생각해 보십시오. 식품점에서 줄을 서서 기다릴때 집어든 잡지와 같이 간단한 그 무엇이 될 수 있을 것입니다.

 당신이 신경을 써서 연출을 해야 할 것은 선물 그 자체가 아니라 선물을 주는 방식입니다. 당신의 깊은 감정을 표현할, 가슴에 감동을 주는 말을 준비하십시오. 당신의 배우자가 선물은 그저 당신의 사랑을 대신하는 것에 지나지 않다는 것을 알게 하십시오. 결혼 생활에서는 작은 것들이 큰 차이를 가져올 수 있습니다.

**마음으로 주는 선물은 값으로 따질 수 없다.
그것을 얼마에 주고 샀던지 간에.**

73

필요하다면 외부의 도움을 긍정적으로 고려하라.

*It can be no dishonor
to learn from others
when they speak good sense.*

다른 사람이 좋은 의도로 하는 충고라면
그들에게서 배우는 것은 전혀 치욕이 아니다.

TO KEEP YOUR LOVE ALIVE

 결혼 생활에서 당신과 배우자가 어떤 난국에 접하게 되는 날이 언젠가 올 수 있습니다. 그런 때면 아마 포기하고 싶어질 겁니다. 문제들이 너무 커서 풀기가 어려워 보이겠지요. 그리고 당신들은 의견에 일치하지도 않습니다. 수건을 던지고 게임을 포기하기 전에 도움을 받을 수 있는 모든 가능성을 타진해 보십시오.

 결혼은 당신이 알게 될 어떤 인간관계보다 귀중한 것입니다. 그것을 어떤 댓가를 치루고라도 보존하십시오. 육체적인 위험이나 당신의 감정이 너무 격해서 당신의 배우자에게 해를 입히게 될 정도가 아닌 다음에는 함께 문제를 풀기 위해 노력하기로 하십시오. 목사님이나 전문적인 상담가의 도움을 받아 부부의 문제를 고치고 부부 관계를 강하게 하십시오.

결혼을 창조하신 하나님은
당신의 결혼 생활을
고치도록 도우실 능력도 있는 분이다.

74

아이디어를 나눌 수 있는 안전한 장소를 찾으라.

An invasion of armies can
be resisted, but
not an idea whose time has come.

군대의 침투는 막아낼 수 있지만,
때맞춘 생각은 막을 수 없다.

TO KEEP YOUR LOVE ALIVE

　어린 시절, 그림을 그려 그것을 다른 누군가에게 보여주었을 때 어떤 기분이었는지 기억하는지요? 어른이 되어서도 우리는 여전히 내 생각을 다른 사람과 나눌 때에는 심장이 파동하는 경험을 합니다. 우리의 정신은 우리에게, '사람들이 내 생각을 좋아하지 않을지도 몰라!' 라고 경고를 합니다. 하지만 우리의 정신 안의 무엇인가는 그런 위험을 감수하고서도 내 생각을 나누기를 열망합니다. 이는 신뢰의 문제이지요.

　어쩌면 당신의 배우자가 창조적이고 의미있는 시간을 나누기 위한 아이디어를 가지고 있을지 모릅니다. 무언가를 성취하기에 좀더 쉬운 방법이나 혹은 작은 사업 아이디어를 가지고 있을지도 모르지요. 격려하여 편안하게 그 생각을 나누도록 하세요. 그저 얘기를 하면서 그리고 꿈을 꾸면서 함께 즐거운 시간을 가진다면 목적의 절반은 성취한 것입니다!

아이디어는
다듬어지지 않은 다이아몬드이다.

101 SIMPLE SECRETS

75

자녀 앞에서 배우자에 대한 칭찬을 아끼지 말라.

What children hear at home
soon flies abroad.

자녀들이 집에서 듣는 말은
조만간 나라 밖에서도 떠돌 것이다.

TO KEEP YOUR LOVE ALIVE

 어린이들은 자신의 부모들이 서로를 존경하고 존중한다는 것을 앎으로써 안정감을 가집니다. 그들은 엄마 아빠가 사랑에 깊이 뿌리 박고 있다는 것을 볼 때 편안을 느낍니다. 당신이 배우자의 장점을 찾아내고 당신이 사랑하는 이유에 관해 설명한다면 당신은 자녀들에게 더 큰 안정감을 줄 것입니다. 그와 동시에 당신은 자녀들의 남편이나 아내감이 갖추기를 원하는 기준을 강화하는 것입니다. 당신의 자녀들이 장래의 배우자감에게서 바라는 이상이나 기대는 부모들이 날마다 살아가는 모습을 관찰하는 것에서 세우게 됩니다.

 자신의 배우자에 대해 자랑을 하십시오. 당신의 배우자를 자녀들의 모델로 세우십시오. 당신이 가지고 있는 신포도와 불만일랑은 개인의 일기에나 적을 것이며, 비판하고 싶은 유혹이 있을 때에는 입술을 깨물고 참아내십시오.

미래 세대를 위해 길을 밝히라.
당신의 사랑이 빛을 발하게 하라.

76

기쁨을 주는 요리를 하라.

One cannot think well, love well,
sleep well, if one has
not dined well.

잘 먹지 못하는 사람은
생각도, 사랑도, 잠도 잘 잘 수 없다.

TO KEEP YOUR LOVE ALIVE

 배우자가 좋아하는 음식의 요리를 위해 시간을 들임으로써 당신의 사랑을 먹을 수 있는 방법으로 표현하는 것은 어떨까요? 특별 요리를 마련하는 것은 당신이 얼마나 배우자를 사랑하는지 상기시키는 강력한 도구가 됩니다. 실은 요리 솜씨가 그다지 좋지 못해 걱정이라면 아침에 따뜻한 커피 한 잔을 내려주는 정도는 할 수 있을 것입니다.

 바쁜 일정에 시간을 내어 배우자가 즐기는 음식 중 하나를 준비해보십시오. 다음에 특별한 기념일이 오기까지 기다리지 마세요. '편한 요리' 라는 낱말에 새로운 의미를 보태보십시오. 훌륭한 요리사는 되지 못하더라도 창의적인 방법을 생각해보세요. 식탁에 맛있는 식사를 올리는 방법에는 여러 가지가 있을 것입니다.

사랑의 손으로 요리된 식사는
허기를 채우는 그 이상의 역할을 한다.

77

전화 응답기를 작동하라.

o much they talk'd,
so very little said.

말 하는 사람은 많아도
들을 만한 이야기는 드물다.

TO KEEP YOUR LOVE ALIVE

집 전화, 직장 전화, 휴대전화, 호출기 등 요즘 사람들은 언제 어디서나 연락이 가능합니다. 비록 편리해지긴 했으나 때로는 시간을 빼앗아가는 침입자가 되거나 스트레스의 원흉이 되기도 합니다.

원하지 않는 전화를 걸러내기 위해서, 전화로부터의 자유를 얻기 위한 수신자 표시 서비스라는 작은 실천을 하십시오. 그런 다음 전화 응답기를 정기적으로 사용하도록 하십시오. 저녁 식사를 하거나 '가족 시간'에는 전화를 받지 마십시오. 이메일을 적극 이용하는 것이 좋습니다. 직장에서는 일 주일에 하루나 이틀 정도는 오전에 아무런 전화도 받지 않고 '메세지를 남겨 주십시오'라는 말로 대신하고 집중력이 그다지 좋지 않은 오후 시간에 그 전화들에 답할 시간을 계획하면 됩니다. 전화를 한 사람들을 무시하는 것이 아니라 좀더 적절한 시간대에 그 전화들을 끼워 놓는 것이지요.

수화기를 들 것인가...들지 않을 것인가,
그것이 문제로다.

101 SIMPLE SECRETS

78

서로간의 차이를 즐거워하라.

I will praise thee; for I am fearfully and
wonderfully made: marvellous are
thy works; and that my soul
knoweth right well.

PSALM 139:14 KJV

내가 주께 감사하옴은 나를 지으심이
심히 기묘하심이라 주께서 하시는 일이 기이함을
내 영혼이 잘 아나이다. (시 139:14)

TO KEEP YOUR LOVE ALIVE

하나님께서는 첫 인간의 형상을 만드셨을 때 자신의 의도를 잘 알고 계셨음이 분명합니다. 그분은 우리를 여자와 남자로 만드셨고 의도적으로 각 사람의 설계를 다르게 하셨습니다. 우리의 장점과 약점은 신적인 영감으로 된 계획을 통해 서로 꼭 들어맞게 됩니다. 이는 특별히 강한 부부 관계에서 진실이 됩니다.

당신이 "왜 내 배우자는 그렇게 행동하는 걸까?"라고 혼란스러운 마음으로 중얼거리며 머리를 쥐어뜯고 싶다면, 하나님께서는 당신 부부 두 사람이 서로가 보완 되도록 창조하셨다는 사실을 깨닫기 바랍니다. 당신들의 차이가 결혼 생활에서 장점이 되어 두 사람만의 독특함을 더하도록 하십시오. 전체가 부분의 총합보다 더 커진다는 진리를 증명할 기회를 놓치지 마십시오.

결혼은 서로를 완전하게 하는 기회이다.

79

자신의 체중에 유의하라.

The one way to get thin
is to reestablish
a purpose in life.

날씬함을 유지하는 단 한 가지 방법은
인생의 목저을 재수립하는 일이다.

TO KEEP YOUR LOVE ALIVE

 요즘 사람들은 체중에 있어서는 계속 증가하고 있습니다. 당신도 몸집이 커지는 부류에 합류하였는지요? 다이어트 실패를 그냥 인정해버리고 초콜렛 케이크에 성큼 숟가락을 갖다대기 전에, 먼저 당신의 초과된 체중이 부부 관계에 가져온 부정적인 영향을 한번 생각해 보세요.

 과체중은 정신과 육체의 에너지를 앗아갑니다. 게다가 늘어난 몇 킬로그램에 의한 낮은 자아상은 자존감을 무너뜨리고 배우자에게 매력을 주지 못한다고 자학하게 만듭니다. 서로에 대한 낭만적 관심에서 멀리 떨어져 나갈 수밖에 없지요. 뿐만 아니라 과체중은 당신의 수명을 단축하고 건강을 해칠 것이며 미래의 삶을 위험에 직면하게 하는 것입니다. 체중 감량에 늘 실패하였다면 의사의 도움을 구하는 것이 좋습니다.

적절한 운동과 균형잡힌 식사는
자신의 배우자를 존중하겠다는 표시이다.

101 SIMPLE SECRETS

80

배우자 가족을 높이 대하라.

*Nobody who has not been in the interior
of a family can say what the
difficulties of any individual
of that family may be.*

한 가족의 울타리 안에 있지 않았던 사람은
누구도 그 가족 구성원이 겪었을
어려움을 단정 지을 수 없다.

TO KEEP YOUR LOVE ALIVE

　시댁에 관한 조크는 참으로 많습니다. 하지만 확대 가족의 갈등은 사실 웃어 넘길만한 것이 못됩니다. 시댁이나 처가와의 갈등은 결혼 관계에서 스트레스와 불협화음을 일으키고 삶을 곤고하게 만듭니다. 그런 결혼 관계로 인한 가족과의 문제들은 종종 약간의 예의와 자그마한 존경을 보이는 것으로 간단히 예방할 수 있습니다.

　배우자의 가족에 관한 모든 대화에서 긍정적인 어조를 유지하십시오. 보기 싫은 과거의 유물들은 벽장 안에 감추어 두십시오. 배우자의 어머니를 유머의 대상으로 삼는 일을 절대 피하세요. 아버지에 대한 비판을 삼가십시오. 배우자의 친척이 당신에게 아무리 이상하게 보이더라도 왜소하거나 우스꽝스럽게 만들지 마십시오. 배우자의 가족은 곧 당신의 가족임을 잊지 마십시오.

누군가를 사랑하는 것은
그가 사랑하는 사람들을 사랑하는 것이다.

101 SIMPLE SECRETS

81

잔소리를 하고 싶은 충동을 억제하라. 언제나.

nagging wife annoys like
constant dripping.

PROVERBS 9:13 TLB

다투기를 잘하는 아내는
세는 천장에서 떨어지는 물과 같다.

(잠 19:13)

TO KEEP YOUR LOVE ALIVE

   잔소리에 관한한 여자들이 원흉으로 지목되기는 하지만 남자들도 완전히 자유롭지는 못합니다. 잔소리는 짜증을 일으키는 불쾌감과 함께 골라 듣기라는 반응을 일으키는 데 가장 커다란 공헌을 합니다. 배우자가 당신의 말을 들어주지 않는다고 불평하기 이전에 먼저 자신의 잔소리가 너무 심하지 않았나 자문해 보시기 바랍니다.

   지금 당신이 긁는 바가지가 효과가 있다고 생각한다면, 조심하십시오. 아무리 이해심이 많은 배우자라 하더라도 언젠가는 요구사항 많은 푸념에 무관심하게 될 것입니다. 공처가나 공부가가 되기를 원하는 사람은 거의 없을 것입니다. 소리를 지르고 짜는 소리를 내어봐야 원하는 결과를 얻을 수는 없습니다. 당신의 요구를 부드럽게 표현하세요. 그리고는 기다리세요. 그 주제를 다시 꺼내기 전에 배우자가 그에 반응할 시간을 충분히 허용하십시오.

당신의 집을 잔소리 없는 특구로 지정하라.

82

떨어져 지내는 시간을 계획하라.

The best thinking has been
done in solitude.
The worst has been done in turmoil.

가장 좋은 생각은 고독한 가운데 나온다.
가장 나쁜 생각은 소란한 가운데 나온다.

TO KEEP YOUR LOVE ALIVE

　배우자와 친밀한 관계를 누리고 있는 부부라 하더라도 때로는 혼자만의 시간을 가질 필요가 있습니다. 인간은 성장하고 번영하기 위해서는 이따금 개인적인 공간이 필요합니다. 고독은 마음의 평안을 누리기에 필수적입니다.

　깊은 생각을 해내고 당신의 정신과 상상력이 높이 날 수 있는 약간의 시간을 매주 떼어 놓으십시오. 그 시간을 당신의 바싹 마른 영혼을 새롭게 하는 사적인 휴양의 시간으로 보십시오. 모든 일이 잘 풀리지 않아 초조감 속에 있을 때 혼자 목욕탕에 들어가서 문을 잠그고 욕조에 깊숙이 몸을 담가 보십시오. 내면의 자아도 함께 침잠하십시오. 배우자에게도 같은 시간을 권고하세요. 그 시간들이 짧다 하여도 침묵의 순간들은 두 사람 모두에게 선한 일을 일으킬 것입니다.

물러서라. 휴식하라. 재충전하라.

101 SIMPLE SECRETS

83

'네' 라는 말을 좀 더 자주 하라.

Life is either a daring adventure
or nothing.

인생은 호기 넘치는 모험이거나
아무 것도 아니다.

TO KEEP YOUR LOVE ALIVE

 현실 안주는 인생과 결혼 생활에 모두 불리합니다. 커지기만 하던 기회는 해가 지나면서 틀에 박힌 생활이 되고 맙니다. 우리는 안전한 일상 생활에 둥지를 틀고 누가 몰아내지만 않으면 꼼짝하기도 싫어합니다.

 시간의 흐름을 표시할 만한 아무런 일도 없이 또 다른 하루를 질서 정연하게 걸어가기를 거부하십시오. 그렇고 그런 일들 일랑은 옆으로 제쳐두고 조심성은 바람에 날려 보내세요. 두 사람 모두에게 도전이 되는 뭔가를 선택하십시오. 그리고 그 비전을 잡을 때까지 배우자와 대화를 나누세요. 예기치 못한 행동을 하십시오. 그리고 무엇보다 현실에 맞추어 살겠다는 유혹에 저항하십시오. 벅찬 인생과 좀 더 흥분된 결혼 생활에 네라고 말하십시오.

오늘을 잡으라!
도전에 응전하라!

101 SIMPLE SECRETS

84

부모 역할에서 일치된 면모를 보이라.

nity makes strength, and since
we must be strong.
we must also be one.

단결은 강함을 만든다.
그리고 우리는 강해야만 하기에,
단결하여야 한다.

TO KEEP YOUR LOVE ALIVE

"엄마는 아까 아이스크림을 먹어도 좋다고 했단 말이에요."라고 아이는 보챕니다. "안돼"라고 아빠는 확고부동한 대답을 합니다. 그 아이는 눈물이라는 강력한 무기를 꺼내듭니다. 이 때, 당황한 아빠는 좀 더 진보적인 방식보다는 틀에 박힌 권위의식을 앞세우며 반응합니다. "당장 울음을 그쳐. 안 그러면 진짜 눈물이 나오도록 만들어 줄 테다." 아이는 입을 삐죽하고는 마지막 위협카드를 내놓지요. "엄마한테 이를거야!"

당신이 부모라면, 이 이야기의 교훈이 무엇인가를 확실히 알 것입니다. 어린이들은 계속해서 엉뚱한 일을 저지르고 때로는 우리를 속이기도 합니다. 자녀들이 말을 할 수 있는 나이가 되기 훨씬 전에 서로 협력하는 부모가 되기 위한 기초적인 규칙을 마련하십시오. 그리고 그 규칙을 준수하세요. 부모로서의 단결된 역할 수행이 이루어지지 않으면 아무리 강한 부부 관계도 금이 가게 할 수 있습니다.

*일치된 부모는 잘 훈육된 자녀와
강한 부부 관계를 낳는다.*

101 SIMPLE SECRETS

85

당신만의 비밀스런 언어를 개발하라.

The best of life is conversation,
and the greatest success
is confidence, or perfect understanding
between sincere people.

삶에서 최고의 순간은 대화이며,
가장 커다란 성공은 자신감이거나
진지한 사람들 사이에서
완전한 이해를 얻는 것이다.

TO KEEP YOUR LOVE ALIVE

　비밀스런 언어를 창조하라고 해서 언어학을 공부하거나 어학원에 등록하라는 뜻은 아닙니다. 의심할 여지도 없이 당신과 배우자는 이미 상당한 어휘를 개발하고 있을 것입니다. 잠시 멈추어 생각해보십시오. 군중 속에 있을 때 당신들은 아무도 눈치채지 못할 개인적인 눈길을 서로 주고 받는지요? 비밀스런 암호처럼 해독해야 할 자신만의 언어를 가지고 있는지요?

　두 사람만이 공유한, 책으로 되지 않은 사전은 아무도 해석할 수 없는 사적인 의사소통의 수단이 됩니다. 적합한 순간에 교환된, 코를 찡긋거리거나 입을 비뚤며 짓는 헤벌쭉한 미소와 같은, 소리 없는 신호가 사랑하는 사람과의 관계를 더욱 견고하게 만들어 줍니다.

사랑의 언어는 약간의 해석이 필요하다.

101 SIMPLE SECRETS

숨을 들이쉬고 내쉬라.

The LORD GOD formed man of the
dust of the ground, and
breathed into his nostrils the breath
of life; and man became a living soul.

GENESIS 2:7 KJV

여호와 하나님이 땅의 흙으로 사람을 지으시고
생기를 그 코에 불어넣으시니
사람이 생령이 되니라. (창 2:7)

TO KEEP YOUR LOVE ALIVE

 얕은 숨을 자주 쉬면 쉽게 피곤해집니다. 그것은 당신 혈관의 산소 수준을 낮추고 일산화탄소의 수준은 높입니다. 또한 심장이 빨리 뛰고 혈압이 올라가게 됩니다. 즉, 신체에 스트레스를 가하는 것이지요. 그리고 육체가 긴장을 하게 되면 가정이라는 몸통에 이상징후가 나타날 수 있습니다.

 긴장이 몰려오는 것을 느끼면, 깊게 숨쉬기 운동을 해보십시오. 발은 평평한 바닥에 놓고 손은 무릎에 올려놓습니다. 어깨를 축 늘어뜨리고 눈을 감고 몸 전체를 편안히 합니다. 그런 다음 코를 통해 깊은 숨을 들이 마시고 천천히 넷까지 세어보세요. 다시 넷을 세는 동안 입으로 천천히 숨을 뱉아 냅니다. 이 숨쉬기를 네 번 하십시오. 그러면 당신은 긴장이 풀리고, 피곤이 풀리는 것을 느끼며 평안한 분위기가 심장을 통해 전달되는 것을 느끼게 될 것입니다.

딱딱하게 굳어 대하기 곤란한 사람이
되지 말고, 당신 자신이 집안에 불어오는
신선한 공기가 되도록 하라.

101 SIMPLE SECRETS

87

당신의 부모님에 대한 존경심을 보이라.

"Honor your father and your mother,
as the LORD your GOD
has commanded you."

DEUTERONOMY 5:16

니희 부모를 공경하여라.
주 너희 하나님이
명하신 것이다. (신 5:16)

TO KEEP YOUR LOVE ALIVE

　우리는 부모님들과는 전혀 다른 견해를 가질 수 있습니다. 우리가 살아가는 삶의 양식은 산맥이 갈라지듯 서로 다릅니다. 우리가 우리를 길러주신 분들과 얼마나 많은 부분을 공통점으로 가지고 있는지의 여부를 떠나 이미 우리는 모두 부모님의 특질을 여럿 받았습니다. 그것들의 일부가 우리 속에 내재하는 것이지요. 우리가 부모님을 있는 그대로 존중하면 우리 자신도 존중하는 것이 됩니다.

　부모님을 대하는 태도가 한결 부드러워지면 자라면서 쌓아 둔 케케묵은 감정일랑 옆으로 제쳐두고 부모와 자녀의 관계에 합리적이고 현실적인 경계를 정할 수 있게 됩니다. 부모의 기대에 대해서 변덕스럽고 감정적인 반응을 보인다면 당신만큼이나 배우자에게도 중압감으로 작용할 것입니다. 자신과 부모님을 존중하겠다는 결단을 먼저 하십시오.

부모님을 존중하기 위해 부모님과
의견의 일치를 이루어야 할 필요는 없다.

101 SIMPLE SECRETS

88

배우자를 당연하게 여기지 말라.

Always leave home with a tender
good-bye and loving words.
They may be the last.

집을 나설 때에는
항상 따뜻한 인사와 사랑의 말을 건네라.
그것이 마지막이 될 수도 있으니.

TO KEEP YOUR LOVE ALIVE

당신이 살고 있는 매일의 하루는 하나님이 주신 선물입니다. 당신의 가정, 배우자, 자녀들, 그리고 직장, 심지어 당신의 생명까지도 당신에게 대여된 것일 뿐입니다. 그 대여가 얼마나 오랜 기간에 허용될 것인가는 확실히 알 수 없습니다. 그러므로 또 다른 하루의 축복을 받았다면 기뻐할 충분한 이유를 가진 것이지요.

생명을 위협하는 병마에 시달리는 배우자를 지켜보는 사람이라면 당신에게 당신이 사랑하는 사람의 생명을 날마다 경축하라고 말할 것입니다. 사소한 의견 차이는 제쳐 두십시오. 함께 하는 하루의 축복에 당신이 얼마나 감사하고 있는지 배우자가 알 수 있도록 하십시오. 인생에는 어떤 보장도 없습니다. 그러니 당신의 생명과 배우자의 생명을 그저 끝없이 지속될 당연한 것으로 여기지 마십시오.

당신에게 배우자를 주심을
하나님께 매일 감사하라.

89

배우자에게 약간의 사생활을 허용하라.

*The human animal needs a freedom
seldom mentioned,
freedom from intrusion.*

인간이란 동물은,
거의 언급되지는 않지만
자유, 즉 방해받지 않을 자유가 필요하다.

TO KEEP YOUR LOVE ALIVE

 결혼했다고 모든 것이 공동의 자산이 되는 것은 아닙니다. 상대방에게 약간의 사생활을 주십시오. 개인적인 공간이 필요하다는 사실에 화를 내거나 그것을 방해하지 마십시오. 당신의 배우자 앞으로 온 편지가 있다면 그것들을 열어보려고 하지 마시기 바랍니다. 속물적인 행동으로 일일이 구속하지 않기라는 규칙을 세우세요. 전화 통화 내용을 엿들으려 하지 마세요. 개인의 일기와 글의 비밀스런 내용을 조심스럽게 다루십시오. 어린 시절 기억과 보물을 담고 있는 상자는 배우자가 당신과 나누고 싶을 때까지 건드리지 말고 두어야 합니다.

 배우자가 기꺼이 자신의 개인적인 정보를 알리고자 한다면 그때가 바로 당신이 진정한 신뢰를 얻게 된 때입니다. 그것이 바로 건강한 결혼 관계의 가장 중요한 요소 중 하나이지요. 급하게 서두르지 마십시오. 시간을 두고 신뢰를 쌓으세요. 그러면 그 노력의 대가를 받을 날이 올 것입니다.

행복한 결혼에는 개인의 공간에 대한 존중이 포함된다.

101 SIMPLE SECRETS

90

타협하기를 배우라.

You must get along with each other.
You must learn to be
considerate of one another,
cultivating a life in common.

1 CORINTHIANS 1:10 MSG

모두가 같은 말을 하고
너희 가운데 분쟁이 없이
같은 마음과 같은 뜻으로 온전히 합하라.

(고전 1:10)

TO KEEP YOUR LOVE ALIVE

 어떤 부부도 서로 주고 받는 것 없이 지탱할 수 없습니다. '타협'이란 말의 문자적 의미는 '함께 약속함'입니다. 서로 마음을 열어 조금씩 양보합시다. 당신의 모든 소원이나 요구가 항상 충족되어야 한다고 고집하지 마십시오. 혹간 양보를 한다면 암암리에 쥐락펴락하며 놓치기 싫어하던 주도권 싸움도 짧아질 것입니다. 이겨야겠다는 생각만 버리고 나면 취할 수 있는 길이 보일 것입니다.

 결혼 서약은 함께 하겠다는 점을 약속하는 것입니다. 이는 주는 것, 양보하는 것 그리고 자신의 요구를 포기하는 것을 의미합니다. 승리하는 결혼 생활은 두 명의 독립적이고 서로 다른 개인을 함께 묶어 하나로 만듭니다. 목적이 일치되면 정신은 하나의 연합체를 이루어 긴밀하게 엮이게 됩니다.

타협은 두 사람이 하나가 되기 쉽게 만든다.

101 SIMPLE SECRETS

91

중요한 것을 기억하라. 그렇지 않은 것은 잊으라.

Now these three remain: faith, hope and love.
But the greatest of these is love.

1 CORINTHIANS 13:13

그런즉 믿음, 소망, 사랑,
이 세 가지는 항상 있을 것인데
그 중의 제일은 사랑이라. (고전 13:13)

TO KEEP YOUR LOVE ALIVE

우리 중 많은 이들은 종국에 가서는 실제로 그다지 문제가 되지 않을 일들로 과도한 중압감을 받습니다. 삶의 우선순위를 평가해보기 위해 길게 한 걸음 뒤로 물러나 보십시오. 오늘 당신의 생각을 어지럽히는 그 문제들이 지금으로부터 일 년 후, 혹은 오 년 후에까지 문제가 될까요?

인생이란 여정에서 종착점에 도달할 때에 더 많은 소유물을 축적하지 못했음에 불만하는 사람은 거의 없을 것입니다. 소홀했던 인간관계 그리고 이기적인 태도는 우리가 가장 깊게 후회할 것들입니다. 인생에서 진정으로 중요한 것들의 우선순위를 매겨보십시오. 가족과 친구들을 돌아보는데 시간을 사용하십시오. 당신의 결혼 생활에 합당한 주의를 기울이십시오. 하나님과의 관계를 묵상하십시오. 인생의 다른 화급한 것들은 이것들 보다는 뒷좌석으로 물러 앉힐 수 있습니다.

긴급함이 인생에서 중요한 것들의
자리를 차지하지 않도록 하라.

101 SIMPLE SECRETS

92

배우자를 위해 뭔가 멋진 것을 하되,
바로 그것을 먼저 하라.

"It more blessed to give
than to receive."

ACTS 20:35 TLB

주는 것이 받는 것보다
복이 있다 하심을
기억하여야 할지니라. (행 20:35)

TO KEEP YOUR LOVE ALIVE

    받는 것은 수동적이며 그것으로 끝나버립니다. 하지만 주는 것은 적극적이며, 생산하고, 발생시키며, 창조합니다. 다른 사람에게 주는 사람들은 기쁨, 행복, 만족, 충족감, 그리고 깊은 목적의식과 같은 것들을 포함하는 축복의 순환고리를 시작하는 사람입니다. 인생에 있어서 이것보다도 더 많은 유익을 낳는 것은 없습니다.

    먼저 주는 행위는 그러한 경험을 더욱 두드러지게 합니다. 그것은 진실한 사랑의 표현이지요. 사실, 그것은 사랑이 가장 멋들어지게 익어가는 시간이기도 합니다.

**당신의 배우자에게 먼저 주는 행위는
궁극적으로 당신이 자신에게 줄 수 있는
최고의 선물이다.**

101 SIMPLE SECRETS

93

정기적인 건강 검진과 치과 검진을 받으라.

Life is not merely being alive but being well.

인생은 그저 살아 있는 존재가 아니라
잘 살아내는 존재여야 한다.

TO KEEP YOUR LOVE ALIVE

 의학적이고 치과적 응급상황은 돈과 시간을 많이 소모하는 것이며 고통스러운 것입니다. 그러한 시간과 돈을 낭비하는 사건의 비용을 따져본다면 의사와 치과 의사를 찾아가서 정기적인 검진을 받는 것이 낫겠지요. 예방이 큰 절약이 되는 것을 발견할 것입니다.

 하지만 가장 중요한 것은 당신이 만약 생명이 위독할 정도의 중병이나 상황에 매이게 된다면 당신의 인생이 어떻게 되겠는가를 생각하는 것입니다. 조기 검진으로 삶과 죽음으로 방향이 갈라질 수도 있지요. 당신의 생명이 건강의 악화로 인한 고통 속에서 수많은 날들을 신음하지 않도록 할 수 있는 모든 일을 하십시오. 당신의 배우자는 그에 감사할 것입니다.

한 줌의 예방이
한 말의 치료약 보다 가치 있다.

101 SIMPLE SECRETS

94

외상을 남기지 말라.

on't run up debts, except for
the huge debt of love
you owe each other.

ROMANS 13:8 MSG

피차 사랑의 빚 외에는
아무에게든지 아무 빚도 지지 말라.

(롬 13:8)

TO KEEP YOUR LOVE ALIVE

 리더스 다이제스트는 일전에 '부채와의 전쟁에서 승리하라'라는 기사를 머니(Money) 잡지에 전재한 적이 있습니다. 그 기사의 중간에는 두 쪽에 걸쳐 유명한 항우울제 광고가 실려 있었습니다! 이 광고의 위치가 주는 역설은 아마 의도한 것은 아니었겠지만 진리를 전달한 것이었습니다. 부채는 사람을 우울하게 합니다. '미납 요금'이라고 쓰인 고지서 더미들처럼 기쁨을 앗아가는 것은 없을 것입니다.

 어떤 부채는 피할 수 없는 것이기도 하지만 대부분의 채무는 자신이 초래한 것입니다. '외상은 없다'라는 신조야말로 부채에서 벗어나 살게 하는 가장 좋은 방법입니다. 채무에서 자유로운 삶의 행복은 계산할 수 있는 것이 아닙니다.

행복은 돈으로 살 수 있는 것이 아니다!

95

세상을 보라.
그 세상이 당신에게는 이웃이 될 수 있다.

Voyage, travel, and change
of place impart vigor.

항해, 여행, 그리고
장소의 변화기 활기를 더한다.

TO KEEP YOUR LOVE ALIVE

    당신과 당신의 배우자가 가고 싶은 곳에 관해 잠시만 생각해봅시다. 그곳은 다른 지방인가요? 아니면 다른 나라인가요? 채바퀴를 하루 종일 돌리며 사는 햄스터처럼 늘 같은 곳에서 살 이유가 무엇일까요? 시간을 내어봅시다! 당신의 개인적인 모험을 시작할 시간 계획을 수립하세요. 사실, 재미의 반은 기대감에서 옵니다. 그러니 큰 꿈을 자주 꾸십시오!

    한편으로는 내 뒷마당과 이웃에 묻힌 보물을 발견하는 일에도 시간을 내어보십시오. 겨우 몇 킬로미터 내에 아직 한번도 발견되지 않은 채로 숨겨진 신세계가 당신의 발길을 기다리고 있을지도 모릅니다. 많은 사람들의 기쁨이 될 날을 기다리며.

행복은 당신 주변의
세상을 발견하는 것이다.

101 SIMPLE SECRETS

96

당신을 감동시키는 것들을 기꺼이 나누라.

"A man's heart determines his speech."

MATTHEW 12:34 TLB

결국 마음에 가득 찬 것이
입으로 나오는 법이다. (미 12:34)

TO KEEP YOUR LOVE ALIVE

결혼에서 친밀감을 증가시키기 위해서는 당신의 마음에 작은 파문을 일으키고 정서적으로나 정신적으로 당신에게 영향을 미치는 것들을 나누는 것이 필수입니다. 당신의 배우자가 당신에 관해 모든 것을 알고 있을 것이라고 지레짐작하지 마십시오. 당신에게 의미가 있는 노래, 좋은 말씀, 책 혹은 영화가 있다면 놓치지 말고 나누십시오. 그리고 그것이 왜 당신에게 의미가 있으며 그 안에서 어떤 빛깔을 보게 되는지 혹은 당신에게 어떤 생각의 고리를 만들어주는지 서슴지 말고 얘기하십시오.

당신을 감동시키는 것들에 대해 나타내고 보여주면 전에 없던 일체감이 형성됩니다. 또한 그것은 당신의 배우자의 관점으로 당신의 관점을 넓혀나가도록 도울 것입니다. 당신의 생각, 감정 그리고 의견을 감추고 있다면 서로간의 의사소통이 깊어지고 당신의 배우자의 동기를 일깨우며 그의 내면을 구성하고 있는 것이 무엇인지 알 길이 없어집니다.

진정으로 이해받기 위해서는,
우리는 반드시 진정으로 자신을 밝혀야 한다.

101 SIMPLE SECRETS

97

용서를 구할 때는 행동을 재빠르게 하라.

"Blessed are they whose transgressions are forgiven."

ROMANS 4:7

불법이 사함을 받고
죄가 가리어짐을 받는 사람들은
복이 있고 (롬 4:7)

TO KEEP YOUR LOVE ALIVE

용서는 놀라운 일입니다. 하지만 우리는 너무 자주 고집을 부려 죄의식에 얽매여 결혼 생활에서 고전을 면치 못하며 무력감으로 힘들어 합니다. 아무도 그런 식으로 삶을 구성해야 할 필요가 없다는 것은 복음이 아닐 수 없습니다.

우리가 하나님과 우리의 가슴을 아프게 하거나 상처를 주었던 사람들을 용서하기 위해 기도하면 그때까지 우리을 옭죄었던 죄의식과 수치의 탁자를 밀어낼 수 있습니다. 기쁨과 평강의 봇물이 터지듯, 심지어는 의기양양함까지 뒤따릅니다. 용서의 햇볕을 쬐며 뛰어 놀 수 있는데 왜 어두컴컴한 개집에서 온몸을 오그리고 있겠습니까? 또한 당신은 자기 자신을 용서할 필요가 있다는 점을 기억하십시오.

용서를 빨리 구할 수록 당신의 결혼 생활도
빨리 제 궤도로 돌아갈 것이다.

98

결혼 생활 세미나와 수양회에 참가하라.

How dear to this heart
are the scenes
of my childhood.

내 어린 시절의 장면은
얼마나 감미롭게 마음에 오는가.

TO KEEP YOUR LOVE ALIVE

 어린 시절 여름 캠프에 갔을 때 마구 솟구치던 한다발의 자유로움을 기억하십니까? 어른이 된 당신도 그와 같은 기대감과 재미를 다시 한번 만끽하면서 동시에 부부 관계도 강화할 수 있습니다.

 부부 수양회나 세미나는 일상 생활과 책임으로부터 놓여난 자유로운 환경을 제공합니다. 그래서 그곳에서는 배우자와 함께 시간을 보내며 두 사람의 관계에 집중할 수 있는 자연적인 조건이 마련되지요. 그곳에서 다른 부부들을 만나고 사귀게 되는 부가적인 효과도 있습니다. 모든 사람이 같은 고무적인 메시지를 듣고 자성의 시간을 갖게 되면 반드시 의미있는 대화가 이루어질 것입니다. 무엇보다 좋은 것은 당신이 사랑하는 사람과 다시 이어지는 시간과 친밀함과 낭만의 불꽃이 살아나게 하는 시간이 된다는 것입니다.

수양회에 참여하라.
당신의 배우자와 함께 앞으로 전진할
힘찬 고동소리를 듣기 위해.

101 SIMPLE SECRETS

99

자신에게 스트레스를 일으키는 요소를 파악하라.

Know thyself.

자기 자신을 알라.

TO KEEP YOUR LOVE ALIVE

스트레스는 혹평을 받고 있습니다. 사실 그것은 당신의 육체가 전투 시에 싸우거나 도망치게 작동시키는 하나님이 주신 반응입니다. 그것은 당신을 행동하게 촉진시키고, 비상시에 당신의 생명을 구하기도 합니다. 하지만 스트레스가 계속해서 남아 있거나 별다른 이유 없이 작동된다면 신체의 자원을 고갈시킬 것입니다. 스트레스는 심장병, 고혈압, 그리고 감기에까지 약한 체질로 만듭니다. 건망증이 심해지고 조직적이지 못하게 하며 창의력도 감소합니다. 스트레스가 오래 지속되면 또한 초조, 불안 혹은 우울증의 원인이 되기도 합니다.

당신의 가장 큰 '스트레스 요인'은 무엇입니까? 일을 미루기 때문입니까? 아니면 완벽주의 때문에? 혹은 계획성이 부족하기 때문에? 마감일이 닥쳐버린 것? 질병? 해결되지 않은 갈등 상황? 재정 문제? 당신과 배우자의 주요 스트레스의 원천을 인식하는 것은 그것이 당신에게 미치는 영향을 줄이는 첫 걸음이 됩니다.

'단란한 우리 가정'을 원한다면
스트레스를 문 밖으로 차버리라.

101 SIMPLE SECRETS

100

찾을 수 있는 곳에 물건을 정리하라.

Be sure that everything is done
properly in a good
and orderly way.

1 CORINTHIANS 14:40 TLB

모든 일을 적절하게 하고
질서 있게 해야 합니다. (고전 14:40)

TO KEEP YOUR LOVE ALIVE

 쓰던 테이프를 어디에 두었는지 알 수가 없다, 휴대폰이 울리는 소리를 들어야 숨겨진 장소를 찾아낼 수 있다, 급히 나가야 하는데 자동차 열쇠를 어디에 두었는지 모르겠다, 새로 산 카메라를 냉장고 안에 두었다, 그리고 그 보증서는, 글쎄... 분명히 버리진 않았을 텐데...

 바로 코 밑에 놓고도 뭔가를 찾기 위해서 낭비한 시간이 얼마나 되는지요? 필요할 때에 그 필요한 물건을 찾지 못해서 하루의 스트레스가 더해진 적이 얼마나 많았습니까? 잃어버린 물건을 찾는 일은 온 정신을 빼놓을 만큼 스트레스가 많은 일입니다. 어른들의 말씀이 옳습니다. "모든 것에는 그 자리가 있다." 이런 간단한 원칙으로 가정과 인간 관계에 평화와 질서를 가져 오십시오.

개인적인 삶이 질서있게 자리 잡히면
가족간의 화합도 어려울 것이 없다.

101

서로 안아주라.

Love gives us in a moment what
we can hardly attain
by effort after years of toil.

사랑은 우리가 수 년간 아무리 노력해도
얻기 힘든 것을 일 순간에 제공한다.

TO KEEP YOUR LOVE ALIVE

　포옹에는 강한 힘이 있습니다. 안아주면 어린 아이의 긁힌 무릎의 상처가 아프지 않게도 만들어주고, 오래 지속되었던 분열도 치료하며, 고통받는 영혼을 위로하기도 하고, 슬퍼하는 마음을 위안하며, 서로 안아주는 사람들의 얼굴에 미소를 띠게 만듭니다. 포옹은 말이 필요 없는 사랑의 표현이지요. 그것들은 행동으로 말을 하는 것입니다. "나는 당신을 아끼고 받아들입니다. 당신의 가치를 존중하고 당신을 그리워하며 당신과 함께 있기를 원합니다. 그래서 나는 당신을 위해 여기에 존재합니다."라는 말을 건네는 것입니다.

　포옹은 정서적인 성장에도 꼭 필요합니다. 사실, 어떤 연구자들은 어린이들은 하루에 우유를 마시는 것만큼이나 자주 안아주어야 한다고 결론지었습니다. 그리고 부부 관계 상담가들은 종종 부부는 적어도 하루에 두 번은 서로 안아주어야 한다는 처방을 내립니다. 오늘, 부디 '행복을 위한 포옹'을 잊지 마십시오!

인간의 접촉은 서로를 정서적으로
그리고 육체적으로 연결한다.

| ACKNOWLEDGEMENTS |

누가 한 말일까요?

(8) Lynn Johnston, (12) Izaak Walton, (14) Abraham Lincoln, (20, 110, 174) Ralph Waldo Emerson, (22) O.A. Battista, (24) Martin Luther, (28) Emmanuel, (32) Katherine Mansfield, (34) Marcus Aurelius, (36) J.P. McEvoy, (38) W.H. Auden, (42, 134, 154) Thomas Fuller, (44) John Wanamaker, (46) 중국 격언, (50) William Somerset Maugham, (52) Thomas Moore, (56) Konrad Adenauer, (58) charles Caleb Colton, (64) Aristotle, (66) Billy Graham, (68) Adlai Stevenson, (72, 120) John Powell, (76, 92) Mark Twain, (80) John Milton, (82) Franklin D. Roosevelt, (86) B.C. Forbes, (90) Charles Burton, (98) Robert Browning (100) William Makepeace Thackeray, (104) Virginia Cary Hudson, (106, 148) Samuel Johnson, (112) Sir James Barrie, (116) Sir Arthur Conan Doyle, (124) Robert Louis Stevenson, (128) Elizabeth Barrett Browning, (130) Friedrich Nietzsche, (136) William Congreve, (138) Blaise Pascal, (142) Christopher Darlington Morley, (144) Benjamin Franklin, (150) Sophocles, (152) Victor Hugo, (156) Virginia Woolf, (158) Charles Churchill, (162) Cyril Connolly, (164) Jane Austen, (168) Thomas A. Edison, (170) Helen Keller, (172) Friedrich Von Baden, (180) 작자 미상, (182)Phyllis McGinley, (190) Martial, (194) Seneca, (200) Samuel Woodworth, (202) Plutarch, (206) Johann Wolfgang Von Goethe.

* ( )는 페이지입니다.